# 강화의 지성
# 하곡 정제두의 양명학

**최 재 목** 지음

지식과교양

# 머리말

최근 한국양명학회 등을 중심으로 '하곡 정제두'의 '양명학'을 조명하는 많은 성과가 있어 다행이라 생각한다.

그동안 이른바 '하곡학'을 둘러싸고 강화학-강화학파, 하곡학-하곡학파, 강화양명학-강화양명학파 등 명칭에 대한 논의가 있었지만 결론이 난 것은 아니다. 명칭은 하곡의 강화학, 하곡학의 평가에 대한 문제이다. 더 구체적으로 말하자면 연구자들의 사고-태도를 개념화한 것으로 각각의 '관점(觀點)=시점(視點)'에 기초해 있다.

나는 지금까지 '강화양명학-강화양명학파' 또는 '강화학-강화학파'라는 개념을 사용해왔던 것 같다.

그동안 하곡 정제두와 관련하여 썼던 글들을 다음 순서로 정리하여 싣는다.

I. 강화 양명학파 연구의 방향과 과제
II. 동아시아에서 하곡 정제두의 양명학이 갖는 의미

Ⅲ. 하곡 정제두의 자연학에 대한 예비적 고찰
Ⅳ. 동아시아의 양명학에서 체용론(體用論)이 갖는 의미
Ⅴ. 하곡의 '치양지설의 폐' 비판에 관한 재검토
Ⅵ. 하곡 정제두의 사회사상
Ⅶ. 하곡 정제두의 양명학 사상과 동아시아 근대사상

이 가운데서 '하곡의 자연학 및 체용론' '하곡의 치양지설의 폐 비판' 검토 건은 종래 연구에서 부진했던 점을 새롭게 밝힌 부분이라 생각한다.

부족한 점들이 많긴 하나, 여기서 논의하지 않은 '하곡'과 '하곡학'의 철학사상적 내용, 특징은 그간 내가 썼던 『동아시아의 양명학』(예문서원), 『동아시아 양명학의 전개』(정병규에디션)에 어느 정도 서술되어 있다.

이제 나는 지금까지의 연구를 일단락하고 다른 각도에서 강화학, 하곡학을 연구해갈 생각이다. 아마도 동아시아라는 관점에서 강화학, 하곡학을 바라보게 될 것이다. 특히 근세-근대-현대로 이어지는 시점의 복원을 통해서 그 학술적 깊이와 넓이를 확보해가고 싶다. 이것은 최근 국내외적으로 학술 환경이 크게 변화하고 있으며, 자료의 발

굴을 포함한 다양한 방법론의 시도 또한 절실하다는 반성에 따른 것
이다.

　상업성이 없는 이 책을 출간해주신 〈지식과교양〉에 감사드린다.

2017년 11월 5일

대구 목이재에서

최재목 쓰다

# 차례

# 강화의 지성
# 하곡 정제두의 양명학

# I. 강화 양명학파 연구의 방향과 과제

## 1. 글을 시작하며

강화 양명학파에 대해 글을 시작하기 전에 나는 인터넷의 「야후백과사전」[1]에 들어가서 '강화도'를 검색해 보았다. 거기에는 이렇게 그 지리, 역사에 대해 개괄하고 있다.

강화도(江華島)는 한반도의 중부, 경기만 안에 있는 섬으로 면적 236km²이며 한국에서 5번째로 큰 섬이다. 인천광역시에 속해 강화군(江華郡)을 형성하고 있다. 본래는 김포반도와 이어져 있었는데 오랜 침식으로 여러 개의 섬으로 나누어졌다. 그 후 한강에서 나오는 토사(土砂)와 퇴적으로 다시 연결되었다가 또다시 염하(鹽河)가 유로를 형성하여 독립한 하나의 섬이 되었다. 건너편 김포시(金浦市)와의 사이를 가르는 해협의 너비는 고작 200~300m에 불과한데 현재는 교량으

---

1) http://kr.encycl.yahoo.com/enc/info.html?key=1033330(검색일자: 2005. 3. 1)

로 연결되어 있다. 강화도는 고려시대부터 수도 방위의 제1관문 또는 피난처로서 중요시되었는데, 13세기 중엽 몽고군이 침입했을 때에는 당시의 국왕 고종이 29년간 이곳에 머물면서 저항했다. 조선시대 말에는 프랑스함대 · 미국함대 등 열강(列强)의 군대가 경기만에 침입했으나(신미양요), 72문(門)의 포대(砲臺)를 갖고 있던 강화도 수비대가 이를 막아내 수도 서울의 방위역할을 착실히 해 냈다. 6 · 25 이후는 북한과 대치하는 최전선의 한 구획을 이루고 연안은 경비대의 감시 하에 있다. 섬 전체가 구릉성(丘陵性) 산지로 덮여 있으며 해안선은 깎아지른 듯한 절벽이 솟아 있어 좋은 항구는 거의 없다. 대부분의 주민은 농업에 종사하며 특산물로서는 인삼과 화문석을 들 수 있다. 도내 최고봉인 마리산(摩利山, 468m)에는 참성단(塹星壇)이 있고 정족산(鼎足山)에는 유명한 사찰인 전등사(傳燈寺)가 있다. 고려시대의 동종(銅鍾)이나 조선시대의 포대 등 역사적 유적이 섬 안에 산재해 있어 서울 근교의 관광지로 되어 있다.

2003년 나는 강화도를 방문하여 하곡의 묘소를 비롯하여 강화학파 인물들의 유적을 둘러볼 기회를 가졌다. 그때 나는 형편없이 방치된 몇몇 유적들을 바라보면서 참담한 마음을 토로하던 기억을 갖고 있다.

어느 동양학 잡지에 「강화학파의 원류-사상의 현장을 찾아서」[2]라는 글을 읽고 나는 이런 생각을 한 적이 있다. 양명학을 연구한다는 말을 하면서도 국내에 있는 양명학의 유적지 한 곳조차 제대로 답사를 하지 못했다면 나는 과연 양명학 연구자로서 기본이 되어 있는 것

---

2) 서경숙, 「강화학파의 원류-사상의 현장을 찾아서」, 『오늘의 동양사상』, (서울: 예문동양사상연구원, 2000).

일까? 어쩌면 내 의식 속에서 무관심했던 강화도는 지금까지 있어 온 우리 사회의 양명학에 대한 관심과도 맞물려 있었을지도 모른다.

나는 이 글에서 「강화 양명학파 연구의 방향과 과제」를 말하고자 한다. 구체적으로 말하면, '강화도'라는 지역을 거점으로 성립·전개한 학파 즉 강화학파(江華學派)를 '양명학'적 관점에서 조명, 지칭한 이른바 '강화 양명학파'의 연구 방향과 과제를 논하는 것이다.

이 글에서는, 「학파, 학맥 연구의 의의」를 언급하고, 이어서 「강화학파의 형성」 그리고 「강화 양명학파 연구 방향과 과제」를 논의하고자 한다. 다만, 미리 말해 두지만, 이 글은 강화 양명학파의 연구사를 세부 검토하는 것도 아니고[3] 강화 양명학파의 모든 인물과 그들이 제기한 문제를 상세히 논의하는 것도 아니다. 강화 양명학파 연구의 방향과 과제 전반의 특징적인 주요 사안들을 다루려는 것이다.

## 2. '강화 양명학파' 연구의 의미를 찾아

고대의 희랍, 중국, 인도의 사상계를 보면 알 수 있듯이 인류의 역사에 있어서 다양한 새로운 '지(知)'(지식, 지혜)가 성립하고, 이를 주도적으로 창안한 사람과 거기에 동조하는 사람들을 중심으로 '학파'(學派, school)가 성립하고 있다. 이오니아학파(Ionian school)와 엘레아학파(Eleaticism), 제자백가(諸子百家), 육사외도(六師外道)

---

3) 특히 기존의 강화학파에 대한 연구사는 서경숙, 〈초기 강화학파의 양명학에 관한 연구〉, 성균관대학교 대학원 박사학위논문, 2001, 4~10쪽을 참조 바람.

등이 그것이다.

요컨대 학파는 인간 '지(知)'의 문양[文/紋]의 갈래[分派]와 흐름 [流行]을 잘 보여준다. '지'의 문양은, 동양의 전통 용어에 대비하여 표현하자면, 일월성신(日月星辰)에 관한 하늘의 문양[天之文/天文] (=자연학), 산천초목(山川草木)에 관한 땅의 문양[地之文/地文](=사 회학), 시서예악(詩書禮樂)에 관한 사람의 문양[人之文/人文](=인문 학)이 그 중심이다.[4]

학맥은 어떤 지(知)를 중심으로 특정한 상황 하에 인위적으로 그

---

[4] 『周易』「賁卦」에서 「천문을 살펴 때의 변화를 알아내고, 인문을 살펴 천하의 교화를 이룬다(觀乎天文, 以察時變, 觀乎人文, 以化成天下)」라고 하여, '천'과 '인'을 짝지 었고, 같은 책 「계사전(繫辭傳)」· 상의 제4장에서는 「위를 올려다보고 천문을 살 피고, 아래를 내려다보고 지리를 알아낸다(仰以觀於天文, 俯以察於地理)」고 하여 '천-지'와 그것을 관찰하는 '인'(인간)의 세 축을 말하고 있다. 이어서 같은 책 「계 사전」· 하의 제10장에는 「천도가 있고, 인도가 있고, 지도가 있다(有天道焉, 有人 道焉, 有地道焉)」고 하여 천지인 삼재의 도리, 즉 '천도', '지도', '인도'를 분명히 밝 히고 있다.
려말선초의 개국공신이자 학자인 삼봉 鄭道傳(1337~1398)은 『三峰集』권3, 「陶隱 文集序」에서 천지인 삼재와 관련해서 이렇게 말하고 있다. 「日月星辰은 천의 문(天 之文)이고, 山川草木은 地의 文이고, 詩書禮樂은 人의 文이다. 그런데, 천은 氣로, 지는 形으로, 인은 道에 말미암는다. 文은 도를 싣는 그릇이다. 人文은 그 道를 얻 어서 시서예악의 가르침(詩書禮樂之敎)을 천하에 밝히고, 삼광(三光. 일 · 월 · 성 신 즉 자연현상)의 운행에 따르고(順三光之行), 만물의 마땅함을 다스림(理萬物之 宜)을 말하는 것이다. 문의 성함은 이러한 데에 이르러 극에 달한다(日月星辰, 天 之文也, 山川草木, 地之文也, 詩書禮樂, 人之文也, 然天以氣, 地以形, 人則以道, 文 者載道之器, 言人文也, 得其道, 詩書禮樂之敎, 明於天下, 順三光之行, 理萬物之宜, 文之盛至於此極矣)고 하였다. 현대식으로 풀이하면, 삼광의 운행에 따르는 것은 일월성신의 '천지도'로서 「자연학(자연과학)」에 해당하며, 만물의 마땅함을 다스 리는 것은 산천초목의 '지지도'로서 「사회학(사회과학)」에 해당한다. 그리고 「인문 학(인문과학)」은 ① 시서예악의 가르침(=인간이 인간으로서 갖추어야 할 기본 교 양)을 천하에 밝히는 것을 바탕으로, ② 자연학(자연과학), 사회학(사회과학)과의 조화를 지향하는 것이다.(이에 대해서는 조동일, 『인문학문의 사명』, (서울: 서울대 학교출판부, 1997), 210~212쪽을 참조)

그룹을 형성하는 경우도 있을 것이다. 그러나 대개는 인위적인 요청보다 '혈연적' '지리적' '학통적(學統的)' 요인에 의한 것이라 생각된다. 예컨대 중국의 주자학파, 양명학파, 한국의 퇴계학파, 율곡학파, 일본의 경도학파(京都學派)와 같이, 특히 동아시아에서 나타나는 학맥의 경우 '피[血]', '땅[地]', '배움[學]'의 네트워크[緣], 즉 혈연(血緣), 지연(地緣), 학연(學緣)의 조합에 의해서 그려진 자생적 지형도(知形圖)가 대부분이다.

　이렇게 우리가 '지역'의 학파와 학맥, '지방'의 사상적인 계보를 더듬는 것은 한 지역의 학파, 학맥과 학문적 풍토가 곧 불변하는 어떤 '특색'[地域色], '폐역'(閉域. closure)을 본질적인 것으로 보증·확정짓는 것은 아니다. 왜냐하면 한 지역의 학맥과 학문적 풍토는 그 지역 내에서 혹은 다른 지역과의 연관 속에서 '이론적 교류'와 '학술적 쌍방소통'을 갖고 있기 마련이기 때문이다. 따라서 학파, 학맥을 폐쇄적·고정적인 것이 아니라 개방적·가변적인 것으로 보아야 한다는 논의가 가능하다.

　어떤 학자·인물에 의해 어느 '지역'에서 자생적으로 형성된 학맥을 연구하는 것은 그 지역 자생의 '앎[知]의 계보'를 더듬는 것으로서, 학문의 저변화의 정도와 그 전체적인 '지도 그리기(mapping)'의 좋은 자료를 찾아내는데 기여하게 된다. 학맥, 학파적 전개 속에 들어있는 지(知) 즉 사상, 철학, 문예 사조의 '수용(전면적이거나 혹은 부분적·선택적이거나)', '굴절', '토착화', '변용', '왜곡', '비판' 등의 다양한 현상들은 그 각각의 새로운 지도를 구성하는 주체적인 요인이었다고 할 수 있다. 이러한 지(知)의 도(圖)(=知圖), 즉 지형도(知形圖)에는 예컨대 'A'라는 지역의 지(知) 혹은 언설(言說)이 'B'라는 지역에 와서 주체적으로 '재정의(再定義)'되고 '조정'될 수 있다.[5] 이렇게 이루어진 지(知) 혹은 언설의 내밀한(그런 점에서 사적인) 어떤 새로운 영역의 확보는, 그들의 학문체계 내부로, 혹은 그 지역이나 시대의 사상사의 전체적 문맥으로, 혹은 정치·사회·문화의 현장 등으로 향하여 보다 복잡다단한 사상적 지도(知圖)와 지성적 상호연락망을 구축해 간다.[6] 여기에는 'A'라는 지역이 중심이고 'B'라는 지역이 주변이라는 도식이 해체되며, 'A'도 'B'도 모두 중심이며, 'A'·'B'에서 만들어진(재생산된) 'A·A …', 'B·B …' 또한 모두 하나 하나의 온전한 중심이다.

　내가 이 글에서 논의하고자 하는 강화 양명학파에서 보듯이, 중국의 양명학의 언설들이 '강화'라는 '지역'에서 하곡 정제두라는 신유학자(新儒學者. Neo-Confucian)에 의해 어떻게 '재정의'되고 '조정'되고 있는가, 또한 그 후학들에 있어서는 어떤가의 문제는 매우 흥미로운 문제들이다. 다만, 우리는 하곡과 그 문류들에 의해 이루어진 강화 양명학의 언설의 이정표, 지(知)의 표지판이 모두 하곡학, 양명학, 실학적 경향이나 근대로만 '발전적' '일직선적'으로 향해 갔다고 단정, 착각하는 오류를 범해서도 안 된다. 그들의 학문은 '당대의 쟁점 속으로, 근대 이전의 고대의 언설로, 혹은 근대를 넘어서거나 근대적 성향으로' 등등과 같이 복잡다단 내지 중층적일 수 있는 것이다.

　강화 양명학파들의 지적 고뇌는 방향 잡기를 위한 지남침의 '떨림'

---

5) 조선사상상에서 보여지는 사단칠정(四端七情), 인물성동이(人物性同異), 예송(禮訟), 혹은 퇴계의 양명학 비판 등이 그 좋은 예일 것이다.

6) 이러한 내용에 대해서는 , 최재목,「퇴계의 양명학관에 대하여 - 퇴계의 독자적 심학 형성 과정에 대한 一試論」,『퇴계학보』제113집, (서울: 퇴계학연구원, 2003)을 참조 바람.

처럼[7] 지(知)의 내밀하고도 복잡다단한 떨림으로 지성의 살아있음을 보여주었고, 이를 통해 인간의 가능성을 새롭게 제시하는 실존적 노력[8]을 잘 말해주고 있었다.

## 3. 강화 양명학파 및 그 형성의 문제

### 1) 이른바 '강화학파'의 형성과 전개

한국 양명학의 커다란 맥락은 일반적으로 지적되듯이 주로 소론

---

7) 참고로 한국정신문화연구원 편, 『강화학파의 문학과 사상(3)』, (수원: 정신문화연구원, 1995)의 「책머리에」에는 이런 이야기가 실려 있다 : 「西餘 閔泳珪 선생은 『예루살렘 入城記』에서, 북극을 가리키는 지남철이 바늘 끝을 항상 떨고 있는 것을 비유로 참된 삶의 존재방식을 설명하고 있다. "여윈 바늘 끝이 떨고 있는 한, 그 지남철은 자기에게 지니어진 사명을 완수하려는 의사를 잊지 않고 있음이 분명하며, 바늘이 가리키는 방향을 믿어도 좋다. 만일 그 끝이 불안스러워 보이는 전율을 멈추고 어느 한 쪽에 고정될 때 우리는 그것을 버려야 한다. 이미 지남철이 아니기 때문이다." 강화학파들의 지성사는 이러한 지남철의 여윈 바늘의 떨림과 같은 실존적 고뇌였다고 해도 될 것이다.

8) 벤자민 슈워츠(Benjamin Schwartz)가 그의 저서 『중국 고대 사상의 세계(The World of Thought in Ancient China)』의 서론 가운데서, 「일부 문화인류학자들과는 달리, 사상사가들이 끝까지 경계하는 것은 모든 문화들에 변하지 않고 확실한 "해결책," 즉 "한마디로 서양문화는 x이고 동양문화는 y이다"라는 식의 투박하고 전칭적인 명제들로 귀결하는 해결책을 제공하려는 모든 노력들이다. …많은 경우 진리는 x문화나 y문화의 전체적인 특징들에 관한 투박한 일반화보다는 오히려 이것들 사이의 미묘한 차이에 존재한다.」(강조는 인용자)라고 하였다.(벤자민 슈워츠, 『중국 고대 사상의 세계』, 나성 옮김, (서울: 살림, 2004(개정판)), 26~27쪽). 마찬가지로 어느 학파, 학맥의 연구에서도, 그것을 다른 학파와 대비해볼 때, 그 사상적 특징점을 성급하게 일반화하는 노력보다는 학파 상호간의 대비에서 생겨나는 미묘한 차이나 개념의 재해석, 재조정을 통해 나타나는 '떨림' 현상 자체가 갖는 의미가 오히려 더 소중히 다뤄져야 한다고 본다.

(少論) 계통 학자의 가학(家學) 형태로 전승되다가 하곡(霞谷) 정제두(鄭齊斗, 1649~1746)에 이르러서 대성하게 된다.

정제두는 그의 초년의 「경거기」(京居期. 출생~40세까지)와 중년의 「안산기」(安山期. 41세~60세까지)를 거쳐 즉 61세(숙종 36, 1709년) 8월 안산에서 강화도 하일리로 이거(移居)하고부터[9]인 이른바 만년의 「강화기」(江華期. 61세~88세 서거까지)에는 그곳(강화도)을 거점으로 저술과 강학을 시작한다.[10] 이후, 당대의 세파를 피하여 1710년 이주해 온 전주이씨(全州李氏) 가문 정종(定宗)의 별자(別子) 덕천군파(德泉君派) 후손[11]인 이광명(李匡明)이 하곡의 최초의 제자가 되고, 그의 직계손들을 중심축으로 구한말의 이건창(李建昌)·이건승(李建昇), 이건방(李建芳)으로 연결되며, 여기서 다시 정인보(鄭寅

---

9) 『霞谷全書』(서울: 여강출판사, 1988)상, 「연보」61세조, 322쪽 참조.

10) 이 내용을 도표화하면 다음과 같다.(이에 대한 것은 최재목, 「하곡 정제두의 자연학에 대한 예비적 고찰」, 『양명학』제6호, (한국양명학회, 2001), 82~85쪽 참조).

| 하곡의 생애 및 학문의 변화 과정 | | |
|---|---|---|
| 시기<br>내용 | 초년 | 중년 | 만년 |
| 생애의 삼변 | 京居期(출생 ~40세까지) | 安山期 (41세~60세까지) | 江華期 (61세~88세 서거까지) |
| 학문의 삼변 | 程朱說期 | 王學說期 | 禮說·服制說, 天文· 星曆, 氣數論·經世論期 |
| 비 고 | | • 王學으로의 轉化期: 24세~33세<br>• 王學의 表明 및 專治期: 34세~ | • 왕학의 병폐 지적(83세)<br>• 朱·王學의 연계 혹은 程朱學으로의 회귀(?) |

11) 이들 王孫은 詩文, 書畵 등 文才에 뛰어났다.(구체적인 것은 박연수, 『양명학의 이해: 양명학과 한국 양명학』, (서울: 집문당, 1999), 291~292쪽 참조 바람).

普)로 학문이 전승된다.[12] 이렇게 하곡과 이광명의 사승관계, 혼맥관계 등으로 학파적 기초가 형성되어 「강화학파(江華學派)」가 전개되어 갔던 것이다.[13]

12) 서경숙,《초기 강화학파의 양명학에 관한 연구》, (성균관대학교 대학원 박사학위논문, 2001), 29쪽, 281쪽 참조.
13) 강화학파 자체에 대한 본격적인 논문은 다음을 참고 바람.
   • 빈무식,《朝鮮朝 陽明學에 있어서의 江華學派 형성에 關한 研究》, (인하대학교 대학원 석사학위논문, 1981)
   • 서경숙,《초기 강화학파의 양명학에 관한 연구》, (성균관대학교 대학원 박사학위논문, 2001) 그리고 강화학파의 사상과 문학 등에 대한 개설적인 논의는 아래를 참고바람.
   • 유명종, 「江華學派의 양명학 전통」, 『철학연구』제29집, (철학연구회, 1980)
   • 금장태, 「心學(陽明學)의 역할과 강화학파의 성립」, 『한국 종교사상사 - 유교 · 기독교 편 -』, (서울: 연세대출판부, 1986)
   • ＿＿＿, 「心學派—江華學派」, 『續儒學近百年』, (서울: 여강출판사, 1989)
   • 민영규, 『江華學 최후의 광경』, (서울: 도서출판 又半, 1994)
   • 유명종, 『性理學과 陽明學』, (서울: 연세대학교출판부, 1994).
   • 유준기, 『한국근대유교 개혁운동사』, (서울: 도서출판 삼문, 1994).
   • 최영성, 「양명학의 전래와 발전」, 『韓國儒學思想史』III, (서울: 아세아문화사, 1995)
   • 최재목, 『동아시아의 양명학』, (서울: 예문서원, 1996)
   • 박연수, 『양명학의 이해: 양명학과 한국양명학』, (서울: 집문당, 1999)
   • 유명종, 『왕양명과 양명학』, (수원: 청계, 2002).
   • 심경호, 「19세기 말 20세기초 강화학파의 지적 고뇌와 문학」, 『어문논집』제41집, (안암어문학회, 2000)
   • ＿＿＿, 「강화학의 虛假 批判論」, 『大東漢文學』제14집, (대동한문학회, 2001)
   • 박준호, 「江華學派의 文學世界에 대한 一考察」, 『大東漢文學』제14집, (대동한문학회, 2001). 참고로 한국정신문화연구원에서 간행한 『강화학파의 문학과 사상(1)』(1993), 『강화학파의 문학과 사상(2)』 · 『강화학파의 문학과 사상(3)』(1995), 『강화학파의 문학과 사상(4)』(1999)은 강화학파의 연구의 발전을 의미한다. 그리고, 大東漢文學會에서 〈陽明學과 韓國漢文學〉이란 주제로 학술회의가 개최된 바 있다. 鄭德熙의 「陽明學의 性格과 朝鮮的 展開」, 沈慶昊의 「江華學의 虛假 批判論」, 李熙穆의 「寧齋李建昌의 陽明學과 文學」, 박준호의 「江華學派의 文學世界에 대한 一考察」이 발표되었다(발표문은 모두 『大東漢文學』제14집(대동한문학회, 2001)에 실렸다). 다만, 여기서는 문학, 역사 분야의 연

강화학파의 대략적인 흐름은, 하곡이 강화학의 기초를 확립한 이후 그의 아들 정후일(鄭厚一)과 그의 문인인 이광명(李匡明)·이광사(李匡師)·이광신(李匡臣)·심육(沈錥)·윤순(尹淳)·이진병(李震炳)·정준일(鄭俊一)·송덕연(宋德淵)·최상복(崔尙復)·이선협(李善協)·신대우(申大羽)·이광려(李匡呂)·성이관(成以觀)·오세태(吳世泰)·이선학(李善學)·김택수(金澤秀) 등이 있었다. 이후, 이들의 학문은 가학으로 전승된다. 하곡의 아들 정후일의 학문은 그 사위인 이광명과 그의 고손인 정문승(鄭文升)·정기석(鄭箕錫. 6대손)·정원하(鄭元夏. 7대손) 등으로 계속 이어졌으며, 신대우의 심학은 그 아들인 신작(申綽)·신현(申絢)으로 계승되었다. 강화학파의 가장 큰 줄기는 역시 전주 이씨 덕천군과 가문인 이광신·이광려·이광사·이광명이다. 이들의 학문 전승을 다시 살펴보면, 이광려는 정동유(鄭東愈)로, 이광사는 그의 아들인 이긍익(李肯翊)과 이영익(李令翊)으로, 이광명은 양아들인 이충익(李忠翊)과 이면백(李勉伯)·이시원(李是遠)·이지원(李止遠)으로 이어졌다. 이시원의 심학은 다시 이상학(李象學)·이건창(李建昌)·이건승(李建昇)에게, 이지원

---

구 업적은 일일이 열거하지 않기로 하고, 아래의 한국 양명학 관련 논문 및 역저서 목록을 참조 바람.

- 최재목, 「한국의 양명학 연구에 대한 회고와 전망」, 『철학회지』제21집, (영남대학교 철학과, 1997)
- 김세정, 「국내 상산학 양명학 연구 목록」, 『양명학: 인간과 자연의 한몸짜기』, (대전: 문경출판사, 2001), 301~363쪽
- _____, 「국내 상산학 양명학 연구 총목록」, 『陽明學』제5호, (한국양명학회, 2001), 309~362쪽.
- 송석준, 「한국 양명학의 형성과 전개」, 『한국양명학회 2004년도 춘계학술대회 자료집: 한국 현대 양명학의 위상』, (한국양명학회, 2004), 4~28쪽.

의 학문은 이건방(李建芳)·정인보(鄭寅普)로, 정인보의 학문은 다시 연희전문학교 제자인 민영규(閔泳珪)로 이어졌다. 이렇게 강화학의 학통은 현재까지도 계승되고 있다.[14]

이러한 강화학파의 전개를 시기별로 구분하여, 하곡의 친전제자들을 '초기 강화학파', 재전제자들을 '중기 강화학파', 그 이후의 제자들을 '후기 강화학파'로 구분해 보는 방식도 가능할 것이다.[15]

## 2) 하곡학, 강화학, 강화 양명학

한국의 양명학 연구사에서 '강화학파'라는 용어를 제일 먼저 사용하기 시작한 사람은 위당(爲堂)[16] 정인보(鄭寅普. 1892~1950?)의 직전 제자인 민영규(閔泳珪)이다. 그는 「위당 정인보 선생의 행장에 나타난 몇 가지 문제-실학 원시」(『동방학지』13집, 1972)에서 최초로 사용하였다.

물론 우리는 조선시대 양명학에 대한 학파적 파악의 최초 논의가, 1933년에 「동아일보」에 연재한 정인보의 『양명학연론(陽明學演論)』 가운데 일장(一章)인 「조선양명학파(朝鮮陽明學派)」라는 것을 빠뜨릴 순 없다. 이것은 『사상계』(1953년 6·7월호), 『담원국학산고(薝園國學散藁)』(文教社, 1955)에도 게재되었고, 1972년 삼성문화재단에

---

14) 유준기, 『한국근대유교 개혁운동사』, (서울: 도서출판 삼문, 1994), 238~239쪽 참조.
15) 서경숙, 《초기 강화학파의 양명학에 관한 연구》, (성균관대학교 대학원 박사학위 논문, 2001), 281쪽. 서경숙이 '말기 강화학파'로 한 것을 나는 '후기 강화학파'로 고쳐 불렀다.
16) 爲堂 외에 薝園이란 호가 있음.

서 삼성문고로 『양명학연론(陽明學演論)』이라는 이름으로 간행되었다. 정인보의 양명학연구는 양명학의 참된 정신을 일깨워 줌으로써 민족의식을 고취코자 노력하였다. 그리고 그는 '양명학에 관한 뚜렷한 저서나 증거가 있는 인물'(鄭齊斗, 張維, 崔鳴吉), '겉으로는 주자학처럼 보이나 속으로는 양명학을 주장한 인물'(李匡師를 비롯한 江華學派), '양명학에 대해 언급하지는 않았으나 그 주된 정신이 양명학임을 알 수 있는 인물'(洪大容)의 세 가지 유형으로 조선시대 양명학자를 구별하였을 뿐 아니라 조선양명학파의 변천과정을 상세히 논술하여 훗날의 조선시대 양명학연구의 지침을 마련하였다. 더욱이 그가 홍대용에 주목하여 양명학과 조선시대 후기의 실학사상관계를 지적한 것은 이후 양명학과 실학과의 관련성연구에 좋은 단서를 제공하여 조선시대 양명학의 역사적 성격 해명에 기여하게 되었다.[17] 이러한 정인보의 연구는 이후 '강화학파'라는 명칭을 낳는 초기적 윤곽을 제시해주었다고 할 수 있다.

정인보의 양명학을 계승하는 민영규는 「강화학이 반드시 양명학의 묵수자로서 일색(一色)을 이뤄야 할 이유는 없다」고 하고, 「강화학의 성장이 정하곡의 양명학에서 발단을 이룬 것이긴 하지만, 하나의 율법의 외형적인 묵수가 어떠한 새로운 생명도 거기서 약속되지는 않는다. …이건창과 정원하, 홍승헌은 모두 강화학의 마지막을 장식하는 분들이었지만 … 내가 그것을 양명학이라 부르지 않고 강화학이라는 새로운 용어를 찾아야 했던 데엔 (그들의 의견 내용에서)(인용자

---

17) 최재목, 「한국의 양명학 연구에 대한 회고와 전망」, 『철학회지』제21집, (경산: 영남대학교 철학과, 1997), 136쪽.

첨가) 오는 변화를 적극 평가하고 싶었기 때문이다」[18]라고 하여, 양명학/하곡학과 구별되는 '강화학'이라는 명칭을 제시한다. 이처럼, 「최근 학계에서 강화학파의 학통과 학문 내용, 문학 · 정신 등을 탐구하게 된 것」은 오로지 「정인보 · 민영규 두 분이 가닥을 잡아두었기 때문에 가능한 일」이었다.[19]

사실 '하곡학'이라고 하면 하곡 정제두가 만년에 강화도 하곡(霞谷) 지역에 거주하면서까지 그의 생애를 통해서 이룩한 학문 전체를 말한다. 그리고 '하곡의 양명학'이라 하면 하곡의 학문 내용 가운데 양명학적 경향을 지닌 학문내용을 말한다. '강화학'이란 '하곡의 양명학'과 '하곡학', 그리고 하곡이란 인물에 의해 강화도라는 지역을 구심점으로 해서 전개되는 그 후학의 학문 전개(양명학 포함) 전체를 포괄한다. 이 속에는 앞서 소개한 강화학파의 인물들의 다양한 학문 내용이 전부 포함된다. 그러므로, '하곡의 양명학'(ⓐ), '하곡학'(ⓑ), '강화학파의 양명학'(ⓒ), '강화학'(ⓓ)의 관계는 ⓐ⊂ⓑ⊂ⓒ⊂ⓓ와 같고, '강화학파'는 ⓐ+ⓑ+ⓒ+ⓓ라고 해야한다.

그런데, 예컨대 「'강화도'라는 지역을 구심점으로 발전시키고 확장시킨 하곡의 양명학을 '강화학'이라 하고, 이들을 '강화학파'라 한다」[20]라고 말할 경우, 우리는 '하곡학'과 '하곡의 양명학', '강화학'과

---

18) 민영규, 「위당 정인보 선생의 행장에 나타난 몇 가지 문제 – 실학 원시 –」, 『동방학지』13집, 1972(『강화학 최후의 광경』, (서울: 우반 출판사, 1994), 79~80쪽 재록).

19) 한국정신문화연구원 편, 『강화학파의 문학과 사상(1)』, (수원: 한국정신문화연구원, 1993)의 「간행사」참조.

20) 서경숙, 《초기 강화학파의 양명학에 관한 연구》, (성균관대학교 대학원 박사학위논문, 2001), 281쪽.

'강화 양명학' 사이에 약간의 혼동의 소지가 있게 된다. 심경호는 「강화학의 학인과 문인은 양명학을 바탕으로 하되 주자학의 인식론을 재수용하거나 한학(漢學)의 실증적 학풍을 도입하였고, 유학의 사유 틀에만 머물지 않고 도교와 불교까지 섭수(攝收)하였다. 그들은 각각의 성향과 시대적 요구에 대응하여 외형적으로는 다른 모습을 띠었지만 내면을 닦는데 힘쓰고 자기를 충실히 할 것[專於內, 實於己](『霞谷集』「門人語錄」: 李匡師曰, 先生之學, 專於內, 實於己)을 강조하고, 그 학문을 실학(實學)이라 불렀다(李匡師, 『斗南集』, 「書贈稚婦繭紙」: 拜先生牀下, 聞實學之要)」고 하였다.[21] 이처럼 강화학파가 전적으로 양명학에만 한정되어 있지 않다는 점을 간과해선 안 될 것이다.

그래서, 이 글에서는 '강화학'의 전개인 '강화학파'를 '양명학'적 관점에서 조명, 지칭하여 '강화 양명학파'라고 한다. 이것은 강화학파 학문일반의 성격과 강화학파의 양명학적 학문경향을 좀 구별하여 사용하려는 의도이다. 사실 김길락의 「강화학파가 형성됨으로써 한국 양명학파가 형성된 것」[22]이라는 지적대로 강화학파를 떠나서 별도의 양명학파가 있는 것도 아니다. 강화학파의 문맥을 좇아가면서 '강화 양명학파'의 사상적 성격과 특징을 변별해낼 수밖에 없다.

---

21) 심경호, 「강화학의 虛假 批判論」, 『大東漢文學』제14집, (대동한문학회, 2001), 39쪽.

22) 김길락, 「한국 양명학과 근대정신의 형성」, 『한국의 상산학과 양명학』, (서울: 청계, 2004), 397쪽.

## 4. 강화 양명학파 연구의 방향과 과제

### 1) 양명학의 '양지' 발휘(=致良知)의 사상사

주자학은 정리(定理)의 공부와 그 실천이라는 이념적 틀과 성향 때문에 그 후학의 분파가 개성중시, 자유분방함으로 흐를 가능성은 애당초 제한되었다고 할 수 있다. 즉 그것은 「진리(혼은 이론)는 일찍이 주희가 모두 궁리해 놓았으므로 남은 것은 이것의 실천뿐이라는 강한 자각」[23]에서 말미암는다. 그러나 양명학의 분위기는 이와 다르다. 예컨대, 양명학의 대표하는 책『전습록(傳習錄)』을 보면 알 수 있듯이 양명문하(陽明門下)의 사제지간의 대화나 인간관계는 각자의 심성[良知], 개성이 그대로 존중되는 화기애애한 분위기이어서 엄숙한 도학군자(道學君子)들의 학문 및 생활상과는 사뭇 다르다.[24]

이렇게 일반적으로 중국 양명학의 전개에서도 잘 드러나듯이, '양지(良知)'-'동심(童心)'-'적자지심(赤子之心)'과 같은 인간 본래의 꾸밈없는 마음=진심(眞心)에서 발현하는 개성은 철학사상 뿐만이 아니라 역사, 문학, 문예 등에 걸친 훌륭한 역량의 개진을 보여준다. 여기서 세상의 모든 고통, 억압, 허위, 가식에 대한 주체적인 고뇌, 능동적인 비판, 창의적인 제안도 가능하다. 이러한 면모는 왕양명의 다음의 말에서 함축적으로 잘 느껴진다.

---

23) 최재목, 「韓末 嶺南 儒學界에서 實學의 계승과 陽明學 수용의 문제」, 『韓末 嶺南 儒學界의 동향』, 민족문화연구소 편, (경산: 영남대학교출판부, 1998), 569쪽.
24) 최재목, 「전습록에 대하여」, 『왕양명 철학연구』, (수원: 청계출판사, 2001), 71쪽 참조.

　대저 인간은 천지의 마음[天地之心]이며 천지만물은 본래 나와 한 몸[一體]이다. 따라서 생민(生民)의 고통은 어느 한가지라도 내 몸에 절실하지 않은 것이 있겠습니까? (이러한 천지만물의 고통이) 내 몸의 고통임을 알지 못한다면 '옳고 그름을 가리는 마음'[是非之心]이 없는 사람입니다. '옳고 그름을 가리는 마음'은 생각하지 않아도 알고 배우지 않아도 잘 하는 것이다. 이른바 양지(良知)입니다. (…) 나는 하늘이 준 영감에 의해[賴天之靈] 우연히 양지의 학[良知之學]을 깨닫게 되었고, 반드시 이것으로 말미암은 뒤에야 천하가 다스려 질 수 있다고 생각했습니다. 이 때문에 백성이 곤경에 빠져 있음을 생각할 때마다 슬피 마음 아파했습니다. 그래서 나 자신의 어리석음도 잊어버리고 양지의 학으로 백성을 구제하려고 생각하고 있으니, 자신의 역량도 스스로 알지 못하는 사람입니다. 세상 사람들은 나의 이러한 모습을 보고 마침내 서로 더불어 비난하고 조소하며 꾸짖고 배척하면서 미치고 정신 잃은 사람이라 생각할 뿐입니다. 아아, 이 어찌 고려할만한 가치가 있겠습니까? 내가 지금 한창 몸을 에이는 듯한 고통을 느끼고 있는데 남의 비난과 조소를 헤아릴 겨를이 있겠습니까? (…) 아아, 요즘 사람들이 비록 나를 미쳐 정신 잃은 사람이라 할지라도 상관없습니다. 천하 사람들의 마음은 모두가 나의 마음입니다. 천하 사람들이 미쳐 있는데, 어떻게 내가 미치지 않을 수 있겠습니까? 또 (천하 사람들이) 정신을 잃었는데 내가 어찌 정신을 잃어버리지 않을 수 있겠습니까?[25]

---

25) 『傳習錄』中,「答聶文蔚」第一書: 夫人者, 天地之心, 天地萬物本吾一體者也, 生民之困苦荼毒, 孰非疾痛之切於吾身者乎, 不知吾身之疾痛, 無是非之心者也, 是非之心, 不慮而知, 不學而能, 所謂良知也. (…) 僕誠賴天之靈, 偶有見於良知之學, 以爲必由此而後天下可得而治, 是以每念斯民之陷溺, 則爲之戚然痛心, 忘其身之不肖, 而思以此救之, 亦不自知其量者, 天下之人見其若是, 遂相與非笑而詆斥之, 以爲是狂喪心之人耳, 嗚呼, 是奚恤哉, 吾方痛之切體, 而暇計人之非笑乎. (…) 嗚呼, 今之人雖謂僕爲病狂喪心之人, 亦無不可矣, 天下之人心, 皆吾之心也, 天下之人猶有病狂

라고 말하듯이, 왕양명이 세상의 고통과 죄악에 대해 아파하는 마음
(즉 통감(痛感), 통각(痛覺)), 참으로 인간과 만물을 사랑하고 동정하
는 마음은 양지가 발하는 「진성측달(眞誠惻怛)」(혹은 「성애측달(誠
愛惻怛)」·「인애측달(仁愛惻怛)」·「성애간측(誠愛懇惻)」으로도 말
함)의 마음[26]이다.

세상이 아프니 내가 아프고, 세상이 미치니 내가 미친다는 양명의
「진성측달」의 심학은 애당초 대중 참여적인 유학의 길을 열 가능성
갖고 있었다. 인간이면 누구나 본래 지닌 양지의 세상사물에 대한 시
비지심을 발휘하는 것=치양지(致良知)는 허(虛)/가(假)에 대한 실
(實)/진(眞)의 주창으로 이어지는 사상사를 가능하게 하였다.

## 2) 유명종의 「강화학파」 이해

이러한 점들은 강화 양명학파에서도 마찬가지이다. 그런데 강화 양
명학파는 중국이 아닌 한국에서, 한국의 역사적, 사회·문화적 문맥
에 접속하여 개화한 양명학맥이라는 점에서, 한층 더 세심하게 살펴
져야 할 것이다. 더욱이 강화 양명학파는 학문, 학술의 내용이 철학사
상 분야에만 머무르지 않고 어학·문학, 서화(書畵) 등의 다양한 분
야에 꽃을 피우는 등 개성 있는 전개 양상을 선보이고 있어, 중국이나
일본의 양명학파 전개와 대비되는 점이 적지 않다. 말하자면 중국이
나 일본의 양명학에 비해 문학, 문예 면의 심화의 특징을 보여주고 있

---

者矣, 吾安得而非病狂乎, 猶有喪心者矣, 吾安得而非喪心乎.
26) 이에 대해서는 최재목, 『왕양명의 삶과 사상: 내 마음이 등불이다』, (서울: 이학사,
    2002), 373~380쪽 참조.

다.[27]

따라서 강화 양명학은 학제적 총합적으로 연구, 조망되어야 마땅하다. 물론 종래의 연구에서도 이미 이러한 내용들이 잘 고려되고 있는 것처럼 보인다. 그리고 이제까지의 연구 가운데서 강화 양명학파를 철학사상 분야에 한정하지 않고 여러 분야에서 걸친 개략의 내용과 흐름을 잘 정리한 것은 역시 유명종의 연구일 것이다.[28] 1960년대부터 한국사상 관계 논문을 누구보다도 많이 발표하였으며 한국 개별 인물의 사상을 학계에 가장 많이 소개한 업적을 평가받는[29] 유명종은 한국정신문화연구원편의 『민족문화대백과』의 「양명학」 항목 속의 (3)「정제두의 문류(門流)로서의 강화학파의 학문경향」[30]에서 이렇게 정리하고 있다.

정제두가 강화도에서 학문을 하며 양명학을 천명할 때 그의 자손과 이광사(李匡師), 이광려(李匡呂), 손서 이광명(李匡明), 다른 손서 신대우(申大羽) 등의 종형제와 심육(沈鏑), 윤순(尹淳), 이진병(李震炳) 등이 모여들어 하나의 학파가 형성되었고 200년간 계속되었다. 역사학에 있어서는 이종휘(李鍾徽)가 양지사관(良知史觀)에 입각하여 역

---

27) 강화 양명학파의 연구사를 살펴보면 연구 자체가 주로 문학 부문에 많은 것도 이를 예증하는 것이다.
28) 나는 이 글에서 유명종의 연구 성과를 선별하여 그것을 보완하는 의미에서 논의를 진행하고자 한다. 덧붙여서, 나는 유명종이 강화학파의 양명학을 논할 경우, 내가 여기서 사용하는 강화 양명학파의 개념과 거의 동일하게 사용하고 있다. 따라서 나는 논지 전개의 편의상 그가 사용하는 '강화학파'라는 개념을 '강화 양명학파'와 동등하게 이해, 취급하고자 한다.
29) 윤사순·이광래,『우리 사상 100년』, (서울: 현암사, 2001), 214~215쪽 참조.
30) 유명종, 「양명학」,『한국민족문화대백과사전』16, 한국정신문화연구원 편, (경기: 한국정신문화연구원, 1991), 728~729쪽.

사를 파악하였다. 그들은 왕수인의 양지학, 심학을 기초로 하여 사학
(史學)과 정음(正音), 서예(書藝), 시문(詩文)을 발전시켰는데, 그것은
양지. 정서. 의지를 함께 통일한 것이었고, 참된 것을 구하고 헛된 것을
버리는 양지학이지만 정치관으로 나타날 때에는 진(眞)과 가(假)라는
논리에 의거하여 노당(老黨)의 가대의(假大義) 배격을 특색으로 하였
다. 그들은 모든 학문에서 양지를 심볼화하고 이미 비인간화한 사회에
도전하면서 실학파와 제휴하였는데, 특히 실학파 중에서 북학파는 양
명학을 받아들인 자취가 뚜렷하다. 그들(강화학파. 인용자 주)의 학문
경향은 대체로 다음과 같다.

① 주체적인 양지사관은 이종휘로부터 이광사의 큰아들인 이긍익
(李肯翊)의《연려실기술》과 이광명의 아들 이충익(李忠翊)의《군자지
과(君子之過)》와 이면백(李勉佰)의《감서(憨書)》,《해동돈사(海東惇
史)》, 그의 아들 이시원(李是遠)의《국조문헌(國朝文獻)》과 그것을 토
대로 한 이건창(李健昌)의《당의통략(黨議通略)》등의 업적이 빛나고
있다. 신채호(申采浩)가 이종휘의 사관을 "노예사상으로부터 주체적
사관을 수립하였다."고 한 것처럼 그들은 홀로 아는[獨知] 양지사관에
근거하고 공평을 원칙으로 하였던 것이다.

② 우리 나라의 언어인 정음(正音)의 연구 또한 주체성을 드러낸 것
이라 하겠는데, 이광사의 정음연구를 이영익(李令翊)과 이충익이 계
승하고 정동유(鄭東愈)와 유희(柳僖)가 더욱 발전시켰다.

③ 백하(白下)의 서예는 이광사에 이르러 원교체(円嶠體)로 창조되
고, 이긍익. 이충익과 특히 정문승(鄭文升)의 서화는 산수화에 뛰어나
《근역서화징(槿域書畫徵)》에 소개되어 있다.

④ 이광려 · 이충익 · 이건창은 모두 이지(李贄)의 영향을 받은 공안
파(公安派)의 성령문학(性靈文學)에 기본을 두고 있다. 신대우의〈이

참봉문집서〉에 의하면 이광려의 글은 성령(性靈)을 발휘하였으며, 이
충익의 〈이참봉문집서〉에 의하면 문장됨이 선배의 형식을 사용하지
않고 시세(時勢)에 구애되지 아니하였다고 한 것도 바로 공안파의 문
장론의 기본이었다. 이충익은 〈답한생서(答韓生書)〉에서 성령문학에
관해 말하고 있다. 그는 또 글은 반드시 혜식(慧識)을 주로 해야 한다
고 주장하였다. 이러한 혜식은 양지의 다른 표현이라 생각할 수 있다.

⑤ 강화의 양명학은 실학과 제휴하였다. 이상학(李象學)은 정약용
(丁若鏞)을 연구하였고, 신작(申綽)은 정약용과 교우하였으며, 정문
승은 농서(農書)에, 정후일(鄭厚一)은 수학연구에 조예가 깊었다. 이
들은 양지를 심볼화하여 문학 · 언어연구 · 서예 · 시화에서 혹은 실학
에서 그것을 구체화하였다. 이건방(李建芳)은 그의 〈원론(原論)〉에서
"그 참된 것을 구하고자 하면 반드시 먼저 그 가(假)가 무엇인지 알아
야 한다. 어떻게 그 가임을 아는가? 그 가는 성현의 도에 합당하지 못
함을 아는 것이다. 무엇으로 그것이 성현의 도에 합당하지 않음을 아
는가? 사람의 정(情)에 합당하지 않기 때문이다." 라고 하여 양지의 발
휘인 일진무가(一眞無假)를 말하였는데, 이충익도 〈가설(假說)〉에서
이미 진가론(眞假論)을 전개하였다. 이것은 강화학파에서 일관된 논
리였다. 그리고 이건방은 송시열(宋時烈)에 대하여 비난하기를 그는
주희의 권위를 빙자하여 오늘 한 사람을 죽이고서 이것을 대의(大義)
라 하고, 내일 또 한 사람을 죽이고서 이것을 대의라고 하는 것은 도리
어 주희의 죄인이요, 춘추(春秋)의 죄인이라고 공격하였다.

이러한 유명종의 강화학에 논지는 그의 연구에서 일관하고 있다.[31]

---

31) 참고로 유명종은 1994년 연세대학교 국학원의 다산기념강좌6으로 출간한 『성리
학과 양명학』에서 「江華學派의 陽明學」을 이렇게 말하고 있다.(유명종, 『성리학

과 양명학』, (서울: 연세대학교출판부, 1994), 332~334쪽). 이것은 『민족문화대
백과사전』 속의 내용을 재정리한 것으로 내용상에는 상호 차이가 없지만, 논지
전개상 참고를 위해 들어둔다. 霞谷이 肅宗·景宗·英祖 사이에 江華島에서 양
명학을 강명한 후, 그의 자손들과 옮겨 살게 되어, 鄭·李·申氏를 중심으로 양
명학은 200여 년 전수되었다. 그들이 전수한 양명학은 心學이다. 따라서 心學에
는 詩文이 있고, 情이 있고, 意가 있으며, 史가 있고, 文藝書畵가 있다. 知性과 情
緖와 意志를 함께 하는 渾一한 心身의 學, 곧 致良知學이란 참으로 인간을 사랑
하고 동정(眞誠惻怛)하는 학문이다. 따라서 그들은 正音·史學·書藝·詩文으
로 삶의 참뜻을 symbolic하게 드러내려 하였고, 겸해서 實學과 제휴하여 이미 비
인간화된 사회에 대하여 도전 혹은 개혁의 시도를 읽을 수 있도록 해준다. 참으로
깨친 良知는 다시 민족의 주체성 천명에 얼을 미친다. ① 우리의 主體的 史觀確
立과 우리말 연구에 노력한다. 李匡師의 장자 燃藜室 李肯翊(1736~1806)의 『燃
藜室記述』은 훌륭한 良知의 客觀的 史觀을 수립했고, 李匡明의 아들 椒園 李忠翊
(1767~1816)의 『君子之過』는 黨禍의 원인을 밝혔고, 岱淵 李勉佰(1767~1830)
의 『憨書』에는 式論·學論이 있다. 그것은 조선이 문약화한 원인을 말하고, 同論
은 黨禍의 뿌리를 파헤쳤으며, 禮論은 末世汚儒가 名實을 어지럽혔음을 말하였
다. 그의 아들 李是遠(1790~1866) 또한 『國朝文獻』백여 권을 남겨 손자 李建昌
에 의하여 2권으로 집약되어 『黨議通略』이 되었다. 修山 李種徽(1731~1786) 또
한 양명학적 사관을 제시하였으므로 "노예사상으로부터 주체적 사관을 수립했
다"고 申丹齋가 평가한 바 있다. ② 正音學研究, 우리 얼이 담긴 우리의 正音의 연
구가 지속되었다. 李匡師의 訓民正音學을 그의 『正音正序』에서 알 수 있고, 李令
翊·李忠翊·柳僖·鄭東愈 등은 모두 正音研究에 업적이 있었다. 이것은 良知의
symbol화이다. ③ 白下 尹淳의 書藝는 圓嶠 李匡師에 의하여 圓嶠體를 창조케 하
였으며, 楷·草·篆·隷에 능하였고, 李肯翊 등과 美堂 鄭文升은 書藝에 능할 뿐
아니라, 그의 山水畵는 『槿城書畵徵』에 소개되어 있다. ④ 李忠翊은 그 문장이 最
古였고, 李肯翊·申大羽·鄭東愈는 誌傳에, 申綽은 詩, 李建昌은 記事文에, 李建
昇·李建芳 모두가 문장으로 이름이 있었다. ⑤ 李象學의 丁茶山 연구와 申綽과
茶山의 교우, 鄭文升의 『農畵』, 鄭厚一의 수학 연구, 기타 實學과 관계를 깊이 맺
고 있다. 이러한 몇 가지의 특징 외에 그들은 小論派에 소속되어 黨禍와 관계가
깊었는데 英祖 때 李眞儒 사건에 연좌된 李匡師와 李忠翊 등은 평생을 버리게 되
었다. 이렇게 史學과 正音研究·書藝·詩文·實學에서 새롭고도 창조적인 경지
를 개척한 것은 모두 양명학적 良知의 자기실현이었던 것이며, 良知의 symbolic
이다. 인간은 symbol을 조정하는 존재이다. 書·詩文·畵·數學·言語·史學 연
구 등은 그들 良知의 자기 symbol화라 보아야 할 것이며, 實學 연구는 현실적인
빈곤과 비저에 대한 저항의식의 symbol 조작이라 할 것이다. 상징적 형식 중에서
역학을 수행한 것이 된다. 그러나 이들은 모두가 小論黨籍이 있었으므로 老論政

그리고 이러한 정리가 후학들의 강화학 연구에 개론서 역할을 하고
있다. 이후의 연구는 이를 각론의 차원에서 연구를 하여 보완해가고
있는 것처럼 생각된다.

### 3) 연구의 방향과 과제

위의 예문에서도 알 수 있듯이, 유명종은 강화학의 학문은 양명 심
학(心學)=치양지학(致良知學)이 기저가 된 것으로 본다. 그리고 그
심학에는 시문(詩文)·정(情)·의(意)·사(史)·문예서화(文藝書
畵)가 있다고 보았다.

이렇게 지성(知性)과 정서(情緖)와 의지(意志)를 함께 하는 혼일
한 심신(心身)의 학(學) 치양지학(致良知學)이란 참으로 인간을 사
랑하고 동정[眞誠惻怛]하는 학문이라고 본다. 따라서 그들은 정음(正
音)·사학(史學)·서예(書藝)·시문(詩文)으로 삶의 참뜻을 상징으
로(symbolic) 드러내려 하였고, 실학(實學)과 제휴하여 이미 비인간
화된 사회에 대하여 도전 혹은 개혁의 시도를 읽을 수 있도록 해주고,
참으로 깨친 양지(良知)는 다시 민족의 주체성 천명에 얼을 미친다고

---

權에 의하여 억압과 탄압을 받고 있었다. 러시아의 화가인 카시미르 말레비치가
1913년에 말한 것처럼 "움직일 수 없는 공고한 대상의 세계에서 미술을 필사적으
로 해방시키려고 나는 사각형에다 피난처를 구하였다."고 하였는데 움직일 수 없
는 대상 세계에서 필사적으로 해방되려는 피난처가 바로 그들의 書畵·詩文·言
語·數學·史學의 연구였다. 프랑스 화가 마르셀 뒤샹은 "불안한 不條理의 삶을
살고 있다. 불안을 주는 대상, 그것이야말로 예술의 제일보이다"라고 한 것처럼
白下와 圓嶠의 書藝·椒園·美堂의 書藝, 石泉·寧齋 등의 詩文은 그의 불안한
부조리의 삶을 symbol화 한 것이라 생각된다.

보았다.[32)]

위의 유명종의 연구 성과를 토대로 강화 양명학파의 학술, 문예적 업적은 아래와 같은 분야별로 정리될 수 있다.


① 주체적인 사관 확립[良知史觀] - 사학.

② 주체적인 언어[訓民正音學/우리말] 연구 - 언어학

③ 창의적 서화(書畵)의 개화 - 문예학

④ 성령문학(性靈[33)]文學)의 전개 - 문학

⑤ 실학(實學)과 제휴 - 실학


앞으로 이들에 대한 개별적인 연구는 더욱 추진되어야 하며, 여기서 거론되지 않은 강화 양명학파의 여타의 학술, 문예적 특징들은 새롭게 밝혀져야 한다. 물론 종래 거론된 강화학파의 인물들이 어디까지 강화 양명학파로 규정될 수 있는가 하는 그 검증의 과정도 소홀히

---

32) 유명종, 『성리학과 양명학』, (서울: 연세대학교출판부, 1994), 332쪽.

33) 성령(性靈)이란 말은 일반적으로 '마음, 영혼, 정신'을 말하며, '성정(性情)의 영묘한 활용'을 말한다. 다시 말하면 인간 개개인의 본성 즉 성정(性情)의 참[眞/天眞/眞情]에서 우러나오는 정기(精氣), 혼, 영성(靈性)을 자유롭게 구사하는 것이다. 중국 문학에서 말하는 성령파(性靈派)는 시파(詩派)의 이름으로 송의 양만리(楊萬里)에서 발원하고, 명의 원굉도(袁宏道) 형제에 의해 발휘되어, 청의 원매(袁枚)에 이르러 왕성하게 주장되었다고 한다(諸橋轍次, 『大漢和辭典』권4, (東京: 大修館書店, 1984), 1011쪽 참조). 강화 양명학에 있어 보여지는 성령문학과 그 의미(寧齋 李建昌의 경우)에 대해서는 유명종, 『韓國의 陽明學』, (서울: 同和出版社, 1983), 206~209쪽을 참조바람. 예컨대, 유명종은 「寧齋는 古文에 능하여 紀事文을 잘 하였다고 하지만 내 마음의 感發, 그것이 곧 나의 文章이라는 주장은 陽明派의 李卓吾와 公安派 혹은 淸代 袁枚(1716~1797) 등 性靈派 文學과 통하는 것이다」라고 하는(같은 책, 206쪽) 등 중국, 한국의 성령문학의 흐름을 개략적으로 논의하고 있다.

해선 안 된다는 전제를 두고서 말이다.

나는 위의 강화학파의 학술, 문예적 특징들을 고려하여, 앞으로 강화 양명학파를 연구함에 있어서 보다 주목되어야만할 과제를 제시해 두고자 한다.

첫째, 강화학파의 '양지' 발휘로서의 자유로운 인간 개성 중시, 문예 중시의 사조는, 예컨대 러시아 혁명가이자 무정부주의자인 바쿠닌 (Mihail Aleksandrovich Bakunin 1814~1876)이 근대 세계에서 민중을 소외시키는 권력에 의해 위협 당하는 인간의 삶의 의미를 부여할 수 있는 것은 예술뿐이라고 생각하고, 또한 그가 "내가 어떤 체계에도 따르지 않는 것은 내가 참된 탐구자이기 때문이다"라고 말한[34] 등의 이른바 아나키즘(anarchism)의 예술론의 경향과 대비, 비교해볼 가치가 충분히 있다고 생각한다.

둘째, 주체적인 언어[訓民正音學] 연구는, 한어(漢語)와 우리 고유어(=한글)가 배타적인 관계로 있던 조선시대에 큰 의미를 지닌다. 예컨대, 한어 대 고유어(우리말/한글)의 대결은 「민속적인 것이나 오래된 사상·종교에 대한 초연한 지위를 확보하려는 이상주의·엘리트주의(elitism)가 현저하였던」[35] 당시 조선의 신유학자들(특히 주자학자들)의 일반적 조류를 고려할 때, 매우 중요한 동향이라고 할만하다. 한어(漢語)를 사용하면서도 우리말[訓民正音學]을 연구하는 것은 한학(漢學)=중국학 즉 중국적인 것의 권위로부터 국학(國學)을 구별

---

34) 이에 대해서는 박홍규, 「아나키즘 예술론」, 『아나키·환경·공동체』, (서울: 모색, 1996), 289쪽 참조.

35) 黑住眞, 「漢學 — その書記·生成·權威」, 『近世日本社會と儒敎』, (東京: ぺりかん社, 2003), 212쪽.

시키고, 중국을 대상화하려는 노력으로 볼 수 있다. 이 점은 '국학(國學)'의 태동과 전개라는 시야에서 새롭게 연구되어야 할 것이다.

셋째, 하곡의 양명학은, 유명종이 「하곡의 양지학(良知學)은 양명우파(陽明右派)와 공통점이 있다」[36]고 지적하였듯이, 좌파적 성향보다는 우파적인 것, 혹은 주자학과의 연계 가능성[37] 혹은 주왕절충적(朱王折衷的) 가능성이 논의될 여지가 많다. 그러면 하곡의 양명학을 계승하는 강화 양명학파는 과연 어떤 정황을 보여주고 있는가 하는 점이다.

심경호는 「강화학의 허가(虛假) 비판론」을 논하는 가운데서, 「이광신(李匡臣)은 '성정본원(誠正本原)'과 '무실(務實)'을 이념으로 삼았고, 이광사(李匡師)는 '존실리(存實理)'를 주창하였으며, 이영익(李令翊)은 '성의신독(誠意愼獨)', 이충익(李忠翊)은 '구진(求眞)', 이시원(李是遠)은 '진지독행(眞知篤行)', 이상학(李象學)은 '추실심, 무대체(推實心, 懋大體)', 이건창(李建昌)은 '반본(反本)', 이건승(李建昇)은 '실심실사(實心實事)'를 이념으로 삼았다. 이것은 성의(誠意) 중심의 공부를 주장한 왕양명의 사상과 통한다」[38] 고 하였다. 이처럼 강화 양명학파에서 보여지는 허가(虛假)에 대한 비판의식은 실심실학(實心實學)을 가능케 하였다. 그렇다면, 중국의 양명학사에서 보여지는 양명학 좌파, 우파의 전개를 고려해서 강화 양명학파에 눈을 돌릴 경우 과연 강화 양명학파는, 양명학의 좌파, 우파, 좌우절충파, 기타의

---

36) 유명종, 『韓國의 陽明學』, (서울: 동화출판공사, 1983), 121쪽.
37) 이에 대해서는 최재목, 『동아시아의 양명학』, (서울: 예문서원, 1996), 140~142쪽 참조할 것.
38) 심경호, 「강화학의 虛假 批判論」, 『大東漢文學』제14집, (대동한문학회, 2001), 39쪽.

어느 쪽에 해당할 것인가가 좀더 충실히 연구되어야 할 것이다.[39]

위의 유명종의 연구에서 제시된 〈③창의적 서화(書畵)의 개화 - 문예학〉, 〈④ 성령문학(性靈文學)의 전개 - 문학〉와 같은 것은 양명학 좌파와 맥을 같이 하고 있다. 그렇다면 이것은 앞서 말한 하곡의 양명 우파적 경향성과 연속하는가 아니면 불연속하는가 하는 점이다.

마지막으로, 강화양명학파의 사상적 특질, 특히 (양명의) '양지학(良知學)'에서 '허가(虛假)비판과 실심실학(實心實學)'으로라는 사상사적 계보가 중국, 일본 등지의 양명학파와 객관적으로 비교, 대비되어 그 의미와 위상이 충분히 밝혀져야 할 것이다. 강화학파의 실심실학이 우리 사상사에서 나타나는 '실학'과 어떤 차별성을 지니며, 그것이 우리의 근대와는 어떻게 연결되며 또한 근대 이후의 사상적 제 조류와 어떻게 조우(遭遇)하는가, 더욱이 그것은 현대 학문의 조류 속에 어떻게 재해석되어 재발굴될 수 있는가 등등에도 주목해볼 만한 가치가 있는 것이다.


## 5. 글을 마치며

이상에서 나는 강화 양명학파 연구의 방향과 과제에 대한 윤곽을 제시하였다. 물론 자세한 것은 후일의 연구로 돌리기로 하고 마지막으로 본론에서 언급하지 못한, 그러나 매우 시급하다고 생각되는 사

---

39) 이에 대한 특질은 일본 양명학파의 비교연구를 통해서 보다 분명해질지도 모른다.

안에 대해 한 두 가지를 더 서술하는 것으로 마무리에 대신하고자 한다.

첫째, 강화 양명학파의 인물을 제대로 정리하고 그들의 문집을 수집·총괄하여 이른바《강화 양명학 대계》, 나아가서는《한국 양명학 대계》를 완성하고, 이를 단계적으로 국역하는 일이다.

둘째, 강화 양명학파의 유적과 유물을 정리하고, 또한 이를 수장, 소개할 수 있는 〈기념관〉을 건립하여 강화 양명학파의 업적을 정당하게 평가·기념해 주어야 한다.

셋째, 강화 양명학파가 발상한 강화도를 한국 양명학의 숨결을 느낄 수 있는, 한국 지성사의 주요 장소로 만들어 가야 한다. 이렇게 해서 한국의 양명학이 국내외에 널리 전파되어 국제적으로 연구되는 계기가 되었으면 한다. 마치 왕양명의 좌천지였던 중국 귀주성(貴州省) 용장(龍場)을 그 지역 주민들이 양명학의 발상지로서 성지화(聖地化) 하고 그곳에서 〈양명문화제(陽明文化祭)〉를 개최하는 등 양명학을 중국내외로 홍보하고 있듯이 말이다.

마지막으로, 당연한 이야기이지만, 강화 양명학파의 연구는 양명학 연구자들만의 폐역(閉域) 혹은 전유물이 아니다. 한국 지성사의 복원에 애정과 관심이 있는 사람 누구나 다양한 분야에서 지금까지 축적되어 온 강화 양명학파의 연구와 자료 정리를 기반으로 연구 등에 적극 동참할 수 있도록 해야 한다.

# II. 동아시아의 양명학에서 체용론의 의미

## 1. 체용론과 양명학, 그리고 하곡 정제두

신유학(新儒學)으로서의 송학(宋學)·주자학(朱子學)이 성립하는
데에 도교 및 불교의 영향이 매우 컸다는 것은 이미 잘 알려진 사실이
다. 특히 도·불의 개념 중에서도 불교의 「체용론」은, 종래의 연구[1]에

---

1) 이에 대해서는 島田虔次, 『주자학과 양명학』, 김석근·이근우 옮김, (서울: 까치,
   1986)을 참조 바람.(특히, 제1장의 6~15쪽 참조). 이외에 필자가 입수하여 주로 참
   조한 체용론에 관련된 종래의 연구로는 다음과 같은 것이 있다.
   • 임안오, 「熊十力 體用哲學의 이해」, 동양철학연구회 편저, 『동양의 자연과 종교
   의 이해』, (형설출판사, 1992)
   • 김주창, 「王弼 『周易』에 나타난 體用이론의 철학적 배경」, 동양철학연구회 편저,
   『동양의 자연과 종교의 이해』, (형설출판사, 1992)
   • 최재목, 「정제두 양명학의 동아시아적 위치」, 『동아시아의 양명학』, (예문서원,
   1996)
   • 楠本正繼, 「全體大用の思想」, 『日本中國學會報』, (日本中國學會, 昭和27).
   • 楠本正繼, 『宋明時代の儒學思想研究』, (廣池學園出版部, 昭和37).
   • 島田虔次, 「體用の歷史に寄せて」, 『塚本博士頌壽記念佛教史學論集』, (塚本博士

서 잘 밝히고 있듯이, 신유학의 기원이나 성격을 논할 경우 빼놓을 수 없는 존재로 취급되어왔다.

불교의 체용(體用)론이 신유학에 영향을 끼친 대단히 중요한 논리 체계 중의 하나였다는 것은 예컨대 호안정(胡安定. 이름은 원瑗. 안정 安定은 호. 993~1059)과 주자(朱子. 이름은 희熹. 1130~1200)의 경 우에 잘 드러난다. 즉, 호안정이 말하는 「명체달용(明體達用: 체를 밝 히고 용을 실현함)」[2], 그리고 주희가 말하는 「전체대용(全體大用: 온 전한 체와 커다란 용)」[3]은 송대의 '체용'론적 사색과 논리를 잘 말해 주고 있다. 송대의 사상가들은 대부분 '체용'이라는 사유양식을 자신 의 사상을 확립할 때에 의식적, 자각적으로 수용하여 적절히 활용하 였던 것으로 보인다. 송대 뿐만이 아니라, 명대의 주자학계에서도 체 용의 논리는 전체대용의 사상으로서 유지되고 있었다. 체용론은 청대 에도 여전히 주요 사상적 논리로서 등장한다. 예컨대 청대 말기에 서 양문명과의 접촉이 이루어질 때에 장지동(張之洞)이 「중체서용론(中

- 平井俊榮, 「中國佛敎と體用思想」, 『理想』549, (理想社, 1979)
- 河野訓, 「初期中國佛敎に取り入れた本末について」, 『東方學』80, (東方學會, ?)
- 池田秀三, 「體と用」, 『中國宗敎思想』2, 岩波書店, 1990.
- 吉川忠夫, 「本と末」, 『中國宗敎思想』2, 岩波書店, 1990.
- 石川泰成, 「陽明思想における體用論」, 『陽明學』第三號, (東京: 二松學舍大學陽明學硏究所, 1991)
- 熊十力, 『體用論』, (學生書局, 中華民國69)
- 張立文, 『中國哲學範疇發展史(天道篇)』, (中國人民大學出版社, 1988) (제7장)
- 張立文, 『中國哲學羅輯結構論』, (中國社會科學出版社, 1989) (제5장)
- 蒙培元, 『理學範疇系統』, (人民出版社, 1989)
- 薛化元, 『晩清「中體西用」思想論(1861-1900)』, (弘文館出版社, ?)
2) 『宋元學案』제1편, 「開卷」
3) 『大學章句』「傳五章」.

體西用論: 중국고유의 학문(中)을 체로 하고 서양의 자연과학이나 기술학(西)을 용으로 하는 것)」을 슬로건으로 삼았던 것, 현대의 「신유가」중의 하나였던 웅십력(熊十力)이 『체용론(體用論)』이란 저술[4]을 남기는 등 체용론적으로 자신의 사상을 표현하였던 것이 그 좋은 예일 것이다. 물론 이러한 체용론적 사색의 예들이 비단 중국에서만 그치지 않는다. 한국과 일본을 포함한 동아시아 사회 전반에서 어떤 방식으로든 나름대로의 특질을 지니면서 전개되었던 하나의 사유양식이었다고 보는 것이 좋을 것 같다. 다만, 동아시아에서 지녔던 그 '비교적' 혹은 '대조적' 차이라는 것이 무언가 하는 것은 앞으로 검토해볼만한 충분한 가치가 있다고 생각한다.[5]

그런데, 흔히 반주자학적 경향으로 간주되는 왕양명(王陽明. 이름은 守仁. 양명陽明은 호. 1472~1528)의 철학(=양명학)에서는 전체대용이라는 말을 쓰고는 있지만[6] 체용론의 논의가 체계적으로 이루어지지 못하고 있는 것처럼 보인다. 이를 두고 종래의 연구에서는 양명

---

4) 주(1) 참조.

5) 예컨대, 한국 근세 사상사에서 정하곡 외에도, 박세당의 『신주도덕경』에서 보여주는 체용론적인 도덕경 이해는 앞으로 검토해 볼만한 대상일 것이다. 그리고 이황의 '천즉리'의 사고가 체용론적 사색과 어떻게 연결될 것인가 하는 문제도 흥미 있는 과제이다.

6) 『전습록』상(76조)에는 다음과 같이 '全體大用'이란 말이 보인다 : 「澄問: 喜怒哀樂之中和, 其全體常人固不能有. 如一件小事, 當喜怒者, 平時無有喜怒之心, 至其臨時, 亦能中節, 亦可謂之中和乎, 先生曰: 在一時一事, 固亦可謂之中和. 然未可謂之大本達道, 人性皆善, 中和是人人原有的, 豈可謂無, 但常人之心, 即有所昏蔽, 則其本體雖亦時時發見, 終是暫明暫滅, 非其全體大用矣, 無所不中, 然後謂之大本, 無所不和, 然後謂之達道. 惟天下之至誠, 然後能立天下之大本.…」. 그리고 '全體'라는 말은 5개소(상/76조, 77조. 하/222조, 278조, 309조) 정도가 보인다. 물론 '體' '本體' '本來面目'과 '用'의 용례는 여러 곳에서 발견된다. 이러한 예들을 하나 하나 들어서 검토하는 것도 중요할 것이다.

학의 사상적 혼일성 · 일체성이 체용 논리를 「별로 중요하지 않」은 것
으로 만들었다고 여기기도 한다.[7] 이에 대해 다른 연구에서는 왕양명
이 체용론을 별로 중요하지 않게 취급한 것이 아니고 체용론을 「다른
각도에서 독특하게 이해」했다고 보는 수도 있다.[8] 어쨌든 중국 양명
학 내부에서는, 비록 그것이 주자학과 같이 체계적 논의에는 미치지
못한다 하더라도, 체용론 논의가 꾸준히 있어 왔던 것이 사실이다.[9]
동아시아의 양명학에 초점을 맞춰서 볼 때, 체용론은 사상가에 따라
많은 굴절과 진폭을 가지는데, 그 대표적인 한 예가 한국(조선시대)
의 양명학이다. 다시 말하면 한국 양명학의 대성자(大成者)인 정하곡
은 체용론의 이해에서 중국 양명학과 다른 독특한 양상을 보여주고
있다. 정하곡은 체용론을 충분히 활용하여 왕양명의 양지(良知)론을
새롭게 이해하고 있다. 이것은 그의 「양지체용도(良知體用圖)」에 집
약적으로 드러나 있다. 이에 대한 검토는 동아시아 양명학의 또 다른
특질을 밝히는 좋은 계기가 될 것으로 보인다.

  이 글에서는 먼저 왕양명의 체용론을, 이어서 정하곡의 체용론 각
각 살펴보고, 마지막으로 양자의 논의를 비교 · 대조하게 될 것이다.

---

7) 楠本正繼, 「全體大用の思想」, 『日本中國學會報』, (日本中國學會, 昭和27), 88~89
   쪽 참조.
8) 이에 대해서는, 石川泰成, 「陽明思想における體用論」, 『陽明學』(第三號)을 참조 바
   람.
9) 이에 대해서는 楠本正繼, 「全體大用の思想」, 『日本中國學會報』, 88~94쪽을 참조
   바람.

## 2. 왕양명의 양지체용론

왕양명은 체용이 하나의 근원이기에 분리할 수 없다는 입장을 취한
다.

대개 체와 용은 근원이 같다. 체가 있으면 곧 용이 있다.[10]

그리고, 그는 체용을 동(動)과 정(靜)과 같은 시간성(時)의 문제와
분리시켜서 이해할 것을 말하고 있다. 다시 말해서 송대 유학에서 전
통적으로 시간성을 개입하여 정(靜)=미발(未發)과 동(動)=이발(已
發)과 같이 보고 또 이것을 각각 체와 용을 연결해 가는 것을 인정하
지 않는다. 체와 용은 어떤 한 사물의 두 호칭에 불과한 것이다. 다만
체용은 동정이라는 현실적 시간성을 개입하여 이러이러한 것이라고
의미를 부여하여 해석해낼 수 있을(可以見) 뿐이지 근본적으로는 시
간성을 넘어서 있어 분별 가능한 실체가 아니라고 본다.

마음은 동정(動靜)으로써 체용을 삼을 수 없다. 동과 정은 때(時)인
것이다. 체 쪽에서 말하면 용은 체에 있고 용 쪽에서 말하면 체는 용에
있다. 그러므로 체와 용은 근원이 같은 것이다. 만약 정(靜)한 데서 체
를 볼 수가 있고, 동(動)한 데서 용을 볼 수가 있다는 식으로 말하는 것
같은 것은 괜찮다.[11]

---

10) 『傳習錄』上: 蓋體用一源, 有是體卽有是用.
11) 『傳習錄』上: 先生曰, 心不可以動靜爲體用, 動靜時也, 卽體而言, 用在體, 卽用而言,
體在用, 是謂體用一源, 若說靜可以見其體, 動可以見其用, 不妨.

물론 체용이란 틀이 그의 사상의 핵심 개념인 양지와 같은 개념을 파악하는 틀로서도 사용하고 있었던 것은 분명하다. 그는 양지가 체용이란 틀을 벗어날 수 없음을 분명히 말하고 있다.

체는 양지의 체요, 용은 양지의 용이니, 어찌 양지가 체용의 바깥에 서 초연한 것이라고 할 수 있겠는가?[12]

이것만 보는 한에서 왕양명은 체용론을 써서 양지를 설명하는데 목적이 있지 체용론 그 자체를 규명하는데 목적이 있는 것은 아니다. 그리고 체용은 둘이 아니라 하나라는 점, 다시 말하면 하나의 양지가 체와 용 두 면을 지니고 있을 뿐이라는 것 이상을 말하고 있지 않다.

이렇게 본다면 왕양명의 경우 체용론이 양지의 양면을 분석 · 분리 해내기 보다는 통합 · 융합하는 쪽에서 사용된다고 보는 편이 나을 것이다. 이 경우 체는 체, 용은 용이라는 식의 확실한 칸막이, 분별선을 치고 있는 주자학의 견지에서 이해를 한다면, 예컨대 「체(體)=이(理)=성(性)」ⓐ과 「용(用)=기(氣)=정(情)」ⓑ의 왕복순환 가능성을 느낄 수 있다. 다시 말하면 ⓐ=ⓑ, ⓑ=ⓐ라는 도식이 가능하게 되고, 그것이 현실에서 그대로 실현될 경우 이성과 감정 · 욕망이 혼동되는 이른바 윤리적 위험성을 내포한다고 간주할 수도 있다.

| 良 知 | | |
|---|---|---|
| 體 | →<br>← | 用 |
| 체용의 왕복순환 가능성 내재(체는 용, 용은 체라는 논리 성립) | | |

---

12) 『傳習錄』中: 體卽良知之體, 用卽良知之用, 寧復有超然於體用之外.

그런데, 왕양명 생존시기에 이미 양지를 체용론적으로 이해하던 사람들도 있었던 것 같다. 흔히 양명학 좌파 혹은 현성론자로 불리는 왕용계(王龍谿. 이름은 기畿. 1498~1583)는 양지의 주재(主宰)를 체(體)로, 양지의 유행(流行)을 용(用)으로 보는 이른바 양지 체용론의 주장이 있음을 소개하고, 「주재가 곧 유행의 체이고, 유행이 곧 주재의 용이다. 체용은 일원이므로 나누게 되면 흩어진다」고 하여 체용일원이라는 입장에서 이를 비판하였다.[13] 이를 보면 중국의 양명학파 내부에서 체용론이 대두되기는 하였으나, 분석의 기능이 아니라 통합의 기능 쪽으로 기울고, 또한 체용일원이라는 명제가 심과 양지를 이해하는데 이미 자명한 것으로 받아들여지고 있었던 것을 알 수 있다. 따라서 체용에 대한 논리적 분석이나 반성, 의식적인 논리구성은 그들의 사유체계 속에서 충분히 이뤄지지 않았다고 볼 수 있다.

마치 왕양명이, 「대저 양지는 하나이나, 묘용(妙用)으로써 말하면 신(神)이고 유행(流行)으로써 말하면 기(氣)이며 응취(凝聚)로써 말하면 정(精)이다.」[14]라고 하여 양지를 다양한 측면에서 파악하는 것과 마찬가지이다. 체용이라 하는 것도 결국은 하나인 양지를 개념적으로 편의상 분석하고 구분한 것 이상의 의미를 갖지 않았던 것으로 보인다. 다시 말해서 체용의 논리가 의식적, 반성적으로 제기되고 또 체계화되지는 않고 있다는 점이다.[15]

---

13) 『王龍谿全集』, 「撫州擬峴臺會語」: 學有主宰, 有流行, 主宰所以立性, 流行所以立命, 而良知分體用. 主宰卽流行之體, 流行卽主宰之用, 體用一原, 不可得而分, 分則離.
14) 『傳習錄』中, 「答陸原靜書」: 夫良知一也, 以其妙用而言, 謂之神, 以其流行而言, 謂之氣, 以其凝聚而言, 謂之精.
15) 체용에 대한 논리적 분석이나 반성, 의식적인 논리구성이 양명학의 사유체계 속

왕양명은「사람이 학문을 하는 까닭은 심과 리(心與理)에 있을 따름이다」라는 주자의 말에 대하여,「심이 곧 성이며, 성이 곧 리이다. '심과 리'라고 할 때의 '과'(與)자는 심과 리를 둘로 나누어 보는 것을 피할 수 없다」고 하였다.[16] 심·성·리를 '과(與)'라는 글자에 의해 분리시킬 것이 아니라, '즉(卽)'자에 의해 상즉화하여야 한다는 주장한다.[17] 이와 같은 맥락에서 양명은

- 미발의 중(未發之中)은 곧 양지이다. 전후 내외가 없다. 그래서 혼연일체(渾然一體)이다.[18]
- 신(身)·심(心)·의(意)·지(知)·물(物)은 다만 한 가지(一件)일 뿐이다.[19]

라고 말하고 있는 것이다.

이처럼 양명은 '즉(卽)·혼연일체(渾然一體)·일(一)·일건(一件)' 등의 글자를 써서, 양지론을 전개하는 데에 상즉적·일체적·혼합적 경향을 강하게 드러내 보인다.[20] 바로 이러한 일체적인 통합의 논리는

---

에서 이뤄지지 않았던 것으로 보인다는 지적은 楠本正繼의「全體大用の思想」을 참조바람.

16)『전습록』上 : 晦庵先生曰, 人之所以爲學者, 心與理而已, 此於如何, 曰心卽性, 性卽理, 下一與字, 恐未免爲二, 此在學者善觀之.

17) 이에 대해서는 최재목,「양명심학에서 '與'와 '卽'의 문제」,『中國語文學譯叢』제5집, (영남대중국문학연구실, 1996.9)을 참조 바람.

18)『전습록』中,「答陸原靜書」: 未發之中, 卽良知也, 無前後內外, 而渾然一體者也.

19)『전습록』下: 但指其充塞處言之, 謂之身, 指其主宰處言之, 謂之心, 指心之發動處謂之意, 指意之靈明處謂之心, 指意之涉着處謂之物, 只是一件.

20) 종래의 연구에서도 이러한 지적이 있어왔다. 예컨대, 이에 대해서는 吉田公平,『陸象山と王陽明』, (東京: 硏文出版, 1990), 373~377쪽을 참조.

주자학파의 이원적인 분석의 논리에 대항하는 구도를 갖게 된다.

동아시아의 양명학 전개에서 볼 때 양지 체용론의 특징 있는 전개는 중국과는 지역과 문화를 달리하는 한국의 정하곡을 기다려야만 했다. 다시 말하면 왕양명이 주자학의 이원론적 사색에 반대하여 일체론적사색에 철저했고다 한다면, 정하곡은 왕양명의 그 관점을 체용론에 의해 재해석, 재검토함으로써 체용의 통합적 기능과 동시에 그 분석적 기능을 선명히 부각시킬 수 있었다고 할 수 있다.


## 3. 정하곡의 양지체용론 이해

정하곡의 경우 그의 양지체용론을 잘 이해할 수 있는 자료는 다름 아닌 그의 유명한 「양지체용도」이다.

그런데 정하곡의 체용론은 간단히 말하자면 당시 주자학자들의 양명학, 그 중에서도 양지설 비판과 그에 대한 변론을 통해서 제기되고 완성된 것이다. 요컨대 하곡은 정주학과 양명학이 내용상 다르다는 점은 인정하나, 주자학은 '만수(萬殊)=말(末)에서 일체(一體)=본(本)으로' 가는 데 반해 양명학은 '일본(一本)=본(本)에서 만수(萬殊)=말(末)로' 가는 이론 구성을 하고 있어 근본 취지에서는 양자 사이에 큰 차이가 없다고 지적하였다.[21]

---

21) 하곡은 「주자는 뭇 사람들이 (곧바로) 하나의 본체 되는 곳(一體處)을 얻음이 능치 못한 데서 길을 잡았으므로 그 설이 먼저 만 가지로 갈라진 곳(萬殊處)으로부터 들어갔고, 양명은 성인의 근본인 하나의 본체 되는 곳(一體處)에서 길을 잡았으므로 그 학문은 하나의 근본 되는 곳(一本處)으로부터 들어갔다. 하나는 끝에서 근본으로 가고(自末而之本), 하나는 근본에서 끝으로 간(自本而末) 것이다.

| 一本 · 一體 | | | |
|---|---|---|---|
| 本(=上達) | | | |
| 주자 | ⬆ | ⬇ | 양명 |
| 萬殊 | | | |
| 末(=下學) | | | |

하곡은 비록 정주학과는 같지 아니하지만 정주학과 다를 것이 없는 양명학의 '본지'를 규명하여 종래 분분했던 의혹을 풀고자 하였다. 특히 그는 양명학에 대해 적지 않은 편견과 오해를 가지고 있던 민성재(閔誠齋. 이름은 이승以升. 성재誠齋는 호)과 많은 논변을 벌였다.

하곡은 그 과정에서 「심성의 취지에 대해서는 아마도 왕문성(王文

---

이것이 그 서로 갈라지는 바이다. 그 하나만을 주로 하고 다른 하나는 없애는 것이 아니라면 둘 다 마찬가지일 것이다. 잘 배우지 못한다면 이 두 가지의 폐단 역시 모두 없을 수 없고, 만약 두 파의 학문을 잘 이용한다면 역시 같은 한 가지 길로 돌아가 크게 서로 멀어지지 않을 수도 있는 것이다.(『霞谷全集』上, 「答閔彦暉書」: 蓋朱子自其衆人之不能一體處爲道, 故其說先從萬殊處入, 陽明自其聖人之本自一體處爲道, 故其學自其一本處入, 其或自末而之本, 或自本而之末, 此其所由分耳, 其非有所主一而廢一則俱是同然耳, 使其不善學之, 則斯二者之弊, 正亦俱不能無者, 而如其善用二家, 亦自有同歸之理, 終無大相遠者矣.")라고 주자학과 양명학의 이론 구성에 보이는 특질을 개괄하고 있다. 나아가서 그는, 「이른바 왕씨王氏의 설도 역시 나름으로 본원이 있습니다. 비록 정주程朱와는 같지 아니하나 그 본지(指)는 정주와 다를 것이 없습니다. 그러나 한 두 가지 점에서 자세히 살펴보아야 할 것이 있습니다.…… 수백 년간 여러 선비들이 분분하게 말이 많았던 것도 실로 이 때문입니다.」(『霞谷全集』上, 「答尹明齋書(壬午)」: 所謂王氏之說, 亦自有本源, 雖云不同於程朱, 其指則固是一程朱也, 然於其一二之間, 容得不審察者, 此所以難言直棄, 亦難於爲說, 數百年間, 凡諸儒紛紛實以此也)라고 말한다. 여기에서 정하곡의 학문이 주자학과 양명학의 연계를 도모한 학문이라는 관점(尹南漢, 『조선시대의 양명학연구』, (서울: 집문당, 1982)의 논지를 참조할 것)도 가능해진다.

成. 양명)의 학설을 바꿀 수 없을 것」[22]이라는 확고한 입장에 서서 자신의 양명학관을 피력하였다. 다시 말해서 하곡은 「'양지'라는 말은 『맹자』에서 나왔지만, 그(良知)설은 『대학』의 치지(致知)로서 실은 명덕(明德)이 그것이다」[23]라고 하여 양지·치양지론이 원래 어디에 근거하고 있는지를 논하는 등 양지라는 것이 왕양명이 만년에 자신의 전체험을 집약하여 형성한 궁극적인 개념이라는 것을 밝히고자 하였다.

이에 대해 정하곡과 논변을 벌였던 민성재는 「양지의 학문은 심과 성과 천을 모르는 것」[24]이라 하거나, 「양지 밖에 따로 한 층의 성명(性命)의 원두(源頭)가 있다」[25]고 하여, 양지를 궁극적인 개념으로 간주하지 않았다. 더욱이, 민성재는 「양지는 체(體)가 아니요 용(用)」이라고 보았을 뿐 아니라,[26] 양지를 근본되는 본령으로 간주하지도 않았다.[27]

이에 대해 정하곡은 「양지의 설은 지각의 측면만 가지고 말할 수 없다」[28]고 하고, 또 「'지(知)'자가 지각(知覺)과 같다는 것만 보고 그 '양(良)'자가 성의 체(性體)가 됨을 알지 못하니, 어찌 양지의 설을 이미 알았다고 이를 수 있는가?」[29]라고 지적하였다. 하곡은 민이승의 입장

---

22) 『霞谷集』 上, 「擬上朴南溪書」, 12쪽 : 心性之旨, 王文成說, 恐不可易也.
23) 같은 책 上, 「答閔彦暉書」, 23쪽 : 且良知者, 其文孟子其說, 卽大學致知, 而實明德是也.
24) 같은 책 上, 「答朴南溪書(戊辰)」, 15쪽 : 良知之學, 不知心也性也天也.
25) 같은 책, 같은 쪽 : 良知之外, 別有一層性命源頭.
26) 같은 책 上, 「答閔彦暉書」, 141쪽 : 必以爲明德體良知用也.
27) 같은 책 上, 「答閔彦暉書」, 142쪽 : 良知良能則非本領根極.
28) 같은 책 上, 「答閔彦暉書」, 31쪽 : 其所謂良知之說, 不可只以知覺一端言之也.
29) 같은 책 上, 「答閔彦暉書」, 25쪽 : 且只看其知字之爲同於知覺, 而不見其良字之爲性體, 其可謂已見良知之說者乎.

은「마치 나정암羅整庵(羅欽順)이 양명의 '양지를 천리라 하는 설'에 대해『양지는 우리 마음의 지각이다. 어찌 천리라고 할 수 있는가?』라고 비판하여 천리와 양지를 실체實體와 묘용妙用으로 갈라 보는 것과 같다」[30]고 보고 있다.

어쨌든 하곡은 왕양명이「양지는 이 마음의 본체요, 마음의 본체는 곧 천리」라고 한 말을 인용하고 나서,「어찌 유독 그 '지식'이라는 한 대목만 가지고서 (양지에) 해당시키겠는가?」라 하여 민성재의 양지 이해가 편협하였음을 지적하였다.[31]

이러한 논변의 과정에서 민성재는 하곡에게「양지도(良知圖)」를 그려 보낸다. 현재 이 민성재의 양지도는 어떤 것이었는지 분명하지 않지만, 하곡은 민성재의 이「양지도」가 왕양명의 본의와 맞지 않는 바가 있다고 보고, 자기 견해에 입각해서 수정한 그림을 그에게 다시 보냈다.[32] 정하곡이 민성재에게 다시 그려 보낸 '양지도'는 양지를 체와 용으로 구분하여 설명하고 있다 하여 일반적으로「양지체용도」라고 부르며, 이미 지적한대로 여기에 그의 체용론적 사고가 집약적으로 드러나 있는 것이다.

정하곡의 양지론이 도상적으로 집약이 되어 있는「양지체용도」는『하곡집』의「답민성재서(答閔誠齋書)·2」에 실려 있다.[33]「양지체용

---

30) 같은 책 上,「與閔彥暉論辨言正術書」, 21쪽 : 昔羅整庵亦嘗以陽明良知卽所謂天理之說爲非而辨之, 其意槪曰, 天理者人性之所具也, 良知者吾心之知覺也, 何足以良知爲天理, 以天理與良知謂之有實體妙用之分矣, 今來諭之說良知, 正與此略同矣.

31) 같은 책 上,「答閔誠齋書」, 168쪽 : 良知蓋亦狀其本心體段而爲言爾, 其實不過卽亦心之天理而已, 故其書曰良知是心之本體, 心之體卽天理之謂, 豈獨以其知識一節而當之也.

32) 같은 책 上,「答閔誠齋書(二)」, 32~33쪽 참조.

33) 같은 책 上,「答閔誠齋書(二)」, 33쪽.

도」는 세 개의 동심원 즉, 안쪽이 '성권(性圈)', 중간이 '정권(情圈)', 바깥이 '만물권(萬物圈)'으로 구성되어 있다. 그리고 원의 바깥 위와 아래에는 '천(天)'과 '지(地)'를 각각 써 놓고 있다. 이것은 인간을 포함한 천지만물이 존재하며 활동하는 구체적 장(場)을 표시한 것이다. 그림에서 각각의 영역(圈) 사이에 원이 둘러져 있는 것은 영역의 논리적인 구분을 암시한다. 그러나 이러한 구분도, 아래에서 언급하듯이, 적어도 어떤 전제를 가지고 있음을 알 수 있다. 즉 그림의 안쪽이 '성', 중간이 '정', 바깥이 '만물'로 되어 있는 것이 그것이다. 이것은 단순한 순서 매김이 아니다. 주재라는 측면에서 볼 때 사람의 성과 정이 만물 가운데서 중추 역할을 하고 있음을 나타내고 있는 것이다.

그러면 「양지체용도」를 안쪽의 '성권'에서부터 '정권', '만물권'을 체용론과 관계 깊은 부분만 인용하면 다음과 같다.

- 성권(性卷): 맹자 이후 보편적으로 인정된 유가의 윤리 규범, 즉 '인의(仁義)'와 '예지(禮智)'의 사덕(四德)을 그 본래적 성질로서 갖춘 '심지성(心之性)'을 원의 중심에 위치시키고, 그 아래 '심지본연(心之本然)'과 '양지지체(良知之體)'를 써서 '심지성'의 성격을 규정하고 있다. 다만 이 「양지체용도」가 양지에 관한 것임에도 불구하고, '심지성'은 눈에 띄는 큰 글자로 써서 강조하는 반면, '양지지체'는 보통 크기의 글자로 써 놓은 점이 두드러진다.(이는 '정권'의 경우에도 마찬가지이다). 이렇게 해서 '심지성'='심지본연'='양지지체'라는 등식 관계를 성립시킨다.
- 정권(情卷): '성권'의 '심지성' 오른쪽에 붙어 있는 '인의' 옆으로는 그 각각의 단서인 '측은(지심)'(惻隱(之心))'과 '수오(지

심)'(羞惡(之心))'을, 마찬가지로 '심지성' 왼쪽에 붙어 있는 '예지' 옆으로는 그 각각의 단서인 '사양(지심)'(辭讓(之心))'과 '시비(지심)'(是非(之心))'을 대응시킴으로써 이른바 사단(四端)을 밝히고 있다. 제일 위쪽으로는 '심지성'에서 발동되는 감정의 양태를 형용하기 위하여 거꾸로 써 놓은 '희노애구애오욕(喜怒哀懼愛惡欲)'의 칠정(七情)이 있다. 원의 중심에는 '성권'의 방식에 따라 사단과 칠정을 내용으로 하는 '심지정(心之情)'을 큰 글씨로 적고, 그 밑에 보통 글씨로 '심지발(心之發)'과 '양지지용(良知之用)'으로써 그 성격을 규정하고 있다. 이렇게 하여 '심지정'='심지발'='양지지용'의 등식 관계를 성립시킨다.

- 만물권: 이 만물권은 가로로 그은 선에 의해 위의 반원인 '천권(天圈)'과 아래의 반원인 '지권(地圈)'으로 나누어지고, 각각에 짤막한 글이 붙어 있다. 그러므로 편의상 '천권'과 '지권' 가운데 '천권'만 보기로 하자.

- 천권: 제일 위에는 "이 한 권(一圈)을 통어하는 것은 심心이다. 그 가운데 성권은 「태극도太極圖」의 중권으로 아직 일찍이 음양에서 벗어남도 없고 또 일찍이 음양에 섞임도 없는 것이다"라고 하여, 「양지체용도」 전체(一圈)를 개괄하고 있다. 반원의 오른쪽에는, 그 가운데에 "사람의 신명으로써 말한 것이다. 모두 이름 붙여서 심心이라 한다"고 하여 심을 설명하고, 아래에 "내외가 없는 것이 모두 심이다. 형기로써 말한 것이다"라고 하여 역시 심을 설명한다. 그리고 그 왼쪽에는, 가운데에 "사람의 영명(靈明)으로써 말한 것이다. 모두 양지라고 일컫는다"라고 하여 양지를 설명하고, 아래에 "체상으로써 말하면 체는 양지의 체이고, 용은 양지의

용이다. 영소(靈昭)로써 말하면 제(帝)요, 지각하는 것으로써 말하면 화공(化工)이다"라고 하여 역시 양지를 설명하고 있다.

요컨대 양지는 비록 체와 용으로 나눌 수 있지만, 이 양지의 체용은 일심(一心)에 지나지 않는다는 것이다. 이러한 논의는 「답민성재서 · 2(答閔誠齋書 · 二)」에도 잘 드러나 있는데, 여기서 그는 『예기』의 「악기樂記」편의 말을 인용하면서 다음과 같이 말하기도 한다.

「악기」에서 말하기를 "사람이 태어나서 고요한 상태는 하늘로부터 얻은 본성이다. 외물을 느끼어 (마음이) 움직이게 되는 것은 본성의 욕망이다. 외물이 이르러면 지知(智)가 그것을 안다(知知). 그러한 후에 좋고 싫음이 드러난다"고 하였다. 양지는 비록 체와 용으로 나누어지지만, 그것은 결국 일심에 지나지 않는다. 즉 '지가 안다'(知知)는 말에서 앞의 '지'자는 체(마음에서 본래 밝은 것)이며, 뒤의 '지'자는 용(사물에 촉발되어짐에 지각하는 것)이다. 체를 가리켜서 양지라고 말할 때도 있다. 심의 본체, 즉 미발(未發)의 중(中)이 이것이다. 또 용을 가리켜서 양지라고 말할 때도 있다. 선악을 아는 것이 이것이다. 『맹자』 본문(즉 "所不慮而知者." 「盡心章句上」. 인용자)의 '지'자는 뒤의 '지'자와 같다. 양명은 앞의 '지'자와 뒤의 '지'자를 통괄하고 겸하여서 말한 것이다. 이것이 오늘날 크게 놀라는 바의 것이다. 그러나 실은 하나의 '지'이지 분별할 수 있는 것이 아니다. 즉 다만 하나의 양지로 말하면 족한 것이다. 마치 불에 있어서와 같이 본래 밝은 것은 그 체이고, 빛의 빛남이 사물을 비추는 것은 용인 것이다. 그렇지만 그 밝음은 하나일 뿐이어서 '불'과 '비춤'으로써 그 밝음을 분별할 수가 없다.(공부와 본체가 서로 떨어질 수 없다고 하는 설. 인용자). 그러므로 통괄해서 하나

의 양지를 말한 것도 또한 이와 같은 것이다. 어찌 헛되이 명목의 나눔
에 구애되어 심체의 참(實)을 살피지 않는 것일까?[34]

양지의 체용을 불의 '밝음'과 '비춤'에 비유하여 설명하고 있는 이
내용은 「양지체용도」 바로 밑에 그려져 있는 「여명체용도(麗明體用
圖)」에도 잘 드러나 있다. 「여명체용도」는 양지의 체용 관계를 불에
비유하여 설명하고자 만든 것이다. 그러므로 이 그림 역시 「양지체용
도」와 상응하여 세 개의 동심원으로 그려져 있다. 즉 안쪽부터 '화지
성(火之性)권'·'화지정(火之情)권'·'전체개화(全體皆火)권'의 순으
로 구성되어 있다.

그 요지는 하나의 양지를 체용으로 나눌 수 있다는 내용을 불에다
비유하여 설명한 것이다. 즉 불은 하나인데, 그 본래 밝은 것은 불의
체(體)이고, 빛의 빛남이 사물을 비추는 것은 불의 용(用)이라는 설명
이다. 그래서 '불'과 '비춤'은 둘로 구분되는 것이 아니라는 이야기이
다. 하나의 양지이지만, 그 본래 밝은 것은 양지의 체이고, 선악을 아
는 것과 같은 작용은 양지의 용이다.

이렇게 본다면, 하곡이 양지가 하나라는 설명은 하면서도 체와 용
의 작용을 비교적 엄밀하게 규정하고 구분하고 있음을 알 수 있다. 이

---

34)『하곡집』上, 「答閔誠齋書(二)」; 樂記曰, 人生而靜, 天之性也, 感於物而動, 性之欲
也, 物至知知, 然後好惡形焉, 其上智字是體(心之本明者), 下知字是用(就其發於
物, 知此覺此者), 其有以指體而言曰良知, 是心之本體, 卽未發之中是也, 其有以指
用而言曰良知, 是知善知惡是也, 蓋孟子本文似在下知字, 而陽明通上知下知字兼言
之, 故此今日所大駭者也, 然其實卽一箇知, 非有可分別者, 則只言一良知足矣, 如
火上本明其體也, 其光輝燭物其用也, 而其明卽一耳, 不可以火上與照上分別其明
(此功夫本體不相離之說), 故統以一良知言之, 卽猶此耳, 豈徒拘於名目之分, 而不
察心體之實然乎.

것은 「양지체용도」에서도 알 수 있다. 다시 말하면 '양지지체'(='심지성'='심지본연')와 '양지지용(=심지정'='심지발')은 하나의 동심원 속에 배치된 것이 아니고 각기 다른 동심원으로 구분되어 있다는 것이 그 것이다. 바로 이점에서, 왕양명에서 보여졌던 양지지체와 양지지용의 왕복순환성의 위험성은 일단 제거되고 안정된 위치를 획득하게 된다.

| 良 知 ||
|---|---|
| 體 | 用 |
| 왕복순환불가(체는 체, 용은 용) ||

## 4. 정하곡 체용론의 사상사적 의미

우리는 위의 검토에서 왕양명의 양지체용론이 정하곡에게서 새롭고도 깊이 있게 논의되어 한국적으로 변용되고 있다는 사실을 알게 되었다.

이러한 정하곡의 양지 체용론은, 중국 양명학이 지닌 문제점 – 예를 들면, 본체[心性]를 공담(空談)한다고 비판받는 양지현성론자(良知現成論者)들의 경전(經典) 경시 풍조와 본체(양지)를 완전한 것으로 용인하여 자기의 사사로운 욕망까지도 절대화하는 임정종욕(任情縱慾: 정욕에 맡겨 욕망을 제멋대로 발산하는) 경향 등 – 을 들어 양명학을 공격하던 당시 주자학자들의 비판을 이론적으로 극복하려는 노력의 산물이었다고 할 수 있다. 다시 말하면 양지는 본체나 천리가 아니고 지각이라는 주자학자들의 비판에 맞서, 양지는 하나이지만 논리적으로 나누어서 말한다면 체(智)와 용(知覺)이 합일되어 있다고 상론(詳論)함으로써 그에 대한 반론을 마련하고자 하였던 것이다. 그 결과로 그는 양지란 체용이 합일된 것이라는 견해를 적극적으로 주장하게 되었다. 이 점은 양지의 이해에서 체용론을 도입함으로써 통합기능 강조의 효과를 가져왔으며, 동시에 이것은 양지가「체와 용의 양면으로 구분된다」는 이른바 분석적 기능 그 자체도 부각시키는 결과를 가져왔다.

따라서 정하곡의 이러한 점들은 양명학 전개사에서 실로 주목을 받기에 충분한 것이다. 정하곡 양명학이 다른 지역의 양명학과 구별되는 특징, 다시 말해 한국적 양명학의 지평을 여는 중요한 계기가 바로 이렇게 마련되었다.

그러면 하곡의 '양지 체용론'은 양명학 전개사에서 구체적으로 어떤 의의를 가지는가?

먼저 지적할 만한 것은 동아시아의 양명학의 흐름을 두고 볼 때, 양지 체용론의 체계적 수립과 특징 있는 전개는 중국과는 지역과 문화를 달리하는 한국의 하곡을 기다려야만 했다는 점이다.

그리고 왕양명이 주자학의 이원론적 사색에 반대하여 일체론적 사색에 철저했다고 한다면, 하곡은 왕양명의 그 관점을 체용론에 의해 재해석(재검토)함으로써 체용의 통합적 기능과 동시에 그 분석적 기능을 선명히 부각시킬 수 있었다고 하겠다.

특히 정하곡은 하나의 양지가 지닌 두 측면, 즉 본질적인 면, 현상적인 면을 이해하는데 있어, 그것의 '상호 계기적인 면[因果關係]', '상호 내포적인 면[感應關係]'을 불(火) 등의 비유를 통해서 설명하고 있다. 이렇게 해서 결과적으로 하곡에게서 체용이라는 논리는 인간의 심성(양지)는 물론 만물을 형이상과 형이하의 관계, 일(一)과 이(二) 즉 「일이이(一而二), 이이일(二而一)」의 관계, 정(靜)과 동(動)의 관계를 두 측면에서 균형 있게 파악하는 하나의 방법론이 된다.

　다만, 여기서 간과해선 안 될 것은, 왕양명의 체용론이 상호 순환적이었던데 비한다면, 정하곡의 체용론은 그 분석적 기능의 개입에 의해 체용의 상호순환성은 배제되고 체는 체, 용은 용이라는 틀이 뒤섞이고 뒤바뀌지 않은 채로 인과와 감응 관계가 이야기된다는 점이다. 그래서, 그의 성권 정권의 설명에서 보듯이, 성=체와 정=용이 선명히 자리를 잡게 된다. 이렇게 해서 하곡은 인간의 내면을 합리적으로 이해 · 해석하여 감정(욕망)과 외부 사물로 인해 흔들림 없는 인간의 자율성 · 주체성 확보가 양명학의 체용론에 있음을 명확히 하고자 했던 것이다.

# Ⅲ. 하곡의 자연학에 대한 예비적 고찰

## 1. 또 하나의 하곡학으로서 '자연학'

이 글은 하곡의 자연학을 본격적으로 논의하기에 앞서 이뤄진 이른바 예비적 고찰에 해당한다.

하곡이라고 하면 한국 양명학의 대성자로 알려져 있고, 그만큼 그는 한국에서 왕양명(王陽明. 1472~1528)의 심성론을 개척한 인물 정도로 이해하기 쉽다. 그러나 결론적인 말을 미리 해두자면, 그는 자연학에도 탐구가 깊었던 인물이다. 하지만 종래의 연구에서 개설적인 것을 제외한다면 이 부분에 대한 본격적인 시도는 없었다고 해도 좋을 것 같다.[1] 어쩌면 하곡의 자연학에 대한 탐구는 하곡학에서 숨겨진 또 하나의 지평을 여는, 그런 의미에서 「또 하나의 하곡학」의 개척이

---

1) 하곡 자연학의 개략을 알 수 있는 종래의 연구로서는 주(10), (11), (12)을 참조 바람.

라 부를만하다.

일반적인 정의를 보면 '자연학(自然學, physica)'을 「근대적인 정밀
과학으로 발전하기 이전의 사변적(思辨的) 경향이 강한, 자연에 관
한 학문」[2]이라고 기술하고 있다. 「자연학」은 서양의 고대 그리스철
학에서 자연(physis)을 연구하는 철학의 한 부문이다. 그래서 자연학
을 자연철학이라고도 한다. 고대 그리스철학은 처음에는 만물의 자연
(생성과정)을 탐구하는 데에서 시작되었다. 이것은 온갖 종류의 사물
의 자연연구로서 발전하였다. 그것은 다만 우주의 원소(당시는 흙 ·
물 · 공기 · 불의 네 가지가 원소)에 대해서만이 아니라, 천문학 · 기
상학 · 생물학 · 의학 등 많은 영역에 걸친 것이었다.

이런 의미의 자연학이라면, 전통시대의 동아시아 신유학자들에게
서도 이미 존재해왔으며, 그것이 직 · 간접적으로 심성학을 완성하는
데 주요 이론적 기초가 되고 있음을 부인할 수 없다. 예컨대 동아시
아 사상사의 주류를 이루었던 유학의 경우, 그것이 지향하는 성기(成
己) · 수기(修己)와 성물(成物) · 치인(治人)의 합일적 구조 속에는
근본적으로 '사변적(思辨的) 경향이 강한, 자연에 관한 학문'이 내재
해 있기 마련이다. 특히 중국인들이 구상적(具象的) 혹은 즉물적(卽
物的) 사유방식을 갖고 있었다고 하는 지적[3]에서도 알 수 있듯이, 인
간의 눈앞에 펼쳐진 사(事)와 물(物)의 정(情)[=정황 · 실정] 속에서
인간사를 성찰해왔던 것으로 볼 수 있다. 다시 말하면 사정(事情), 물
정(物情)과 긴밀한 관련 속에 인정(人情)에 대한 물음이 있었다는 말

---

2) 한국교육문화사 편, 『원색세계대백과사전』권25, (한국교육문화사, 1994), 31쪽.
3) 이에 대해서는 中村元, 『중국인의 사유방법』, (까치, 1990)을 참조.

이다. 이 점에서 유학자들의 자연학은 다름 아닌 '자기가 존재하고 있는 환경을 인식하는 체계'(=「자기환경인식체계」[4])이므로 자연관 혹은 세계관이라 불러도 무방할 것 같다. 이러한 「자기환경인식체계」는 대부분의 유학자들에게 어떤 형태로든 존재했던 것이며, 한국 양명학의 대성자로 불리는 하곡에게서도 예외가 아니었다.

우리는 흔히 '양명학자'라고 하면 마음의 문제 즉 「심성론」에 치우쳐 있다고 생각하기 쉽다. 하지만 양명학자들에게서도 자연학은 사유의 저면 혹은 표면에서 그들의 사상체계를 지탱해주고 있었다. 어떤 형태로든 「세상은 어떻게 존재하는가?」라는 '세계'나 '자연'에 대한 물음 없이 「인간이 어떻게 살 것인가?」라는 이른바 '인간'에 대한 탐구는 어렵기 때문이다. 물론 학문의 중점이 '마음'이라는 것에 놓여 있다는 사실이 관심의 무게중심을 이동시켜 자연학 쪽에 대한 집중을 약화시키는데 적지 않은 영향을 끼칠 수는 있을 것이다. 그러나 그것이 자연학에 무관했다는 것을 논증해내는 충분조건은 되지 못한다. 차라리 심학적 자연학의 특질이 어떤 것이었나 하고 물음을 제기하는 편이 옳을 것이다. 예컨대 왕양명 사상의 핵심 중의 하나인 「만물일체설」같은 것은 심학적 자연학의 표본이라 할만하며, 이후 많은 양명학자들에게 전승되는 것이다.

그럼, 하곡에게서 자연학이라 부를 만한 것이 있는가? 있다면 어떤 형태로 표출되고 있는가? 하곡집의 현존본 중에서 가장 내용이 풍부한 22권 22책본(이른바 A본)[5]을 영인한 여강출판사의 『하곡전집』

---

4) 이 말은 도올 김용옥이 『朱子의 自然學』에 대한 해설로서 쓴 「과학과 인식」속의 말이다.[야마다 케이지, 『朱子의 自然學』, 김석근 옮김, (통나무, 1991), 13쪽].
5) 일본의 궁내청(宮內廳)에 있던 것을 1966년 문화재반환 때 되찾아와 현재 국립중

권21[6)]에 제시된 하곡의 자연학에 관련된 부분은 「선원경학통고(璇元經學通攷)」, 「기삼백설(朞三百說)」,[7)] 「천지방위리도설(天地方位里度說)」, 「칠요우행설(七曜右行說)」,[8)] 「조석설(潮汐說)」이다.[9)] 그리고 「선원경학통고」에는 「천원고험편(天元故驗篇)」, 「곤후구성편(坤厚久成篇)」, 「충신도기편(忠信道器篇)」, 「설괘칙상편(說卦則象篇)」이 들어있다. 이들에 대해서는 윤남한(尹南漢)의 『국역 하곡집』[10)]과 『조선시대의 양명학 연구』[11)]에서 이미 개략적인 소개가 이뤄진 바 있다. 그리고 「선원경학통고」는 심우준에 의해 한글로 완역되어 그 내용을 쉽게 알 수 있게 되었다.[12)]

어쨌든, 이 글에서는 「실계(實計)로써 허도(虛度)를 고치고 명험

---

앙박물관에 소장하고 있음.

6) 정제두, 『霞谷全集』 · 하(下), (여강출판사, 1988), 243~334쪽.

7) 원래 『書經』 「虞書, 堯典」에 「朞三百有六旬有六日, 以閏月, 定四時成歲」라고 한 바의 朞三百에 대한 하곡의 풀이다. 朞三百은 『書經』 「虞書, 堯典」의 것을 하곡이 인용하여 편명으로 하였다. 朞三百의 朞는 春夏秋冬의 四時를 말한 것으로서 1년동안의 月行의 數를 의미한 것이다. 三百은 1년의 日數로서 한해동안의 常數를 말한 것이다. 朞는 一歲 즉 12월이고, 1월은 30일이니 正 365일이며, 小月 6일을 제한 것을 합하여 윤월을 두는 것은 1歲의 曆象을 말한 것이다. 이는 舜이 羲和氏에게 준 말이며, 天行, 日月, 四時의 節侯를 세워서 百官을 다스리고 庶事의 功을 넓히라고 한 것이었다. 하곡은 서경 기삼백의 주를 부연하여, 日月運行度數를 도표화하면서 구체적으로 설명하였다.

8) 『隋書』 등을 토대로, 日月과 五星(火 · 水 · 木 · 金 · 土) 즉 七曜가 右行함을 고증한 것.

9) 이 편들은 국립중앙도서관 10책본(C본) 중에서 뽑아 보충한 것임. 기타 A, B, C, D본에 대한 설명은 『霞谷全集』 · 上, 1~2쪽을 참조 바람.

10) 윤남한, 『국역 하곡집』 · II, (1986(중판), 민족문화문고간행회).

11) 윤남한, 『조선시대의 양명학 연구』, (집문당, 1982).

12) 심우준, 「『선원경학통고』해설」, 『세계의 대사상』 · 33, (휘문출판사. 1974), 419쪽.

(明驗)으로써 현론(縣論)을 배척한 심사」[13]가 담긴 위의 주요 논문에 대한 본격적인 논의는 후일로 미루고, 하곡의 자연학이 갖는 몇 가지 의미와 과제 등 윤곽적인 것만을 지적하는 정도로 그치고자 한다.

## 2. 하곡 자연학에 대한 종래의 견해들

### 1) 심우준의 이해

『선원경학통고』를 한글 번역한 심우준(沈俊)은 「『선원경학통고』해설」에서 다음과 같이 말한다. [14]

> 「선원경학통고(璇元經學通攷)」는 「實計로써 虛度를 고치고 明驗으로써 縣論을 배척한 심사」가 담긴 논문이다. 그는 이 논문에서 다음의 세 가지의 주요한 논의를 하게 된다.
>
> 첫째, 天體에 대해서 그는 「동일한 天球 내에서 月과 五星이 태양의 궤도와 서로 교차하면서 운행한다」고 전제하고 종래의 易經에 나타난 천문력이 오히려 이론상으로는 지당하나 실측상으로는 잘 표현되지 못했다고 생각하였다. 이것은 「태양을 중심으로 원근의 거리를 두고 月과 金木水火土 五星이 각각 궤도를 달리하여 운행한다」는 서양 근대의 「태양중심위성궤도설」과는 다르다.
>
> 둘째, 地에 대해서 그는 地의 형체가 완전히 求型으로써 天球의 한

---

13) 심우준, 「『선원경학통고』해설」, 『세계의 대사상』 · 33, 419쪽.
14) 심우준, 「『선원경학통고』해설」, 『세계의 대사상』 · 33, 419쪽.

중심에 달걀의 노른자처럼 위치하여 상하사방의 天球와의 거리가 모두 30도로 공간을 이루어 그 사이에는 천의 기가 유통되어 마치 만유의 인력처럼 견지되고 있다고 보고 있다.

셋째, 人에 대해서 五臟六腑의 經絡인 動·靜脈과 형체가 정신의 혈기처럼 서로 관통되어 그 속에서 「仁義禮智信」의 五常의 성품이 이루어진 것이 곧 인체라고 하고 이러한 정의 밑에 15의 정맥과 12의 대동맥이 인체를 50회씩 회전하는 것이 곧 천체가 左旋하는 것과 동일하다고 보고 있다.

그러나, 종래 「근세 천문학을 섭렵하고 인용한 부분이 많은 하곡의 주석이 易을 해설한 속에서 실측면은 확실히 받아들였으나 이 論이 과연 成運(大谷)의 「지구가 태양과 대응해서 회전한다」고 하는 空轉說이나 코페르니쿠스(copernicus)의 地動說에 대해서 얼마나 영향을 받았으며, 「時憲論」이 들어온 후 아담 샬의 『主制羣徵』에서 표현된 천문이론과의 차이가 얼마나 되는가는 엄밀하게 논의되어야 할 것이다. (문맥에 맞게 인용자가 일부 강조 혹은 수정하였음)

## 2) 윤남한의 이해

윤남한(尹南漢)은 『조선시대의 양명학 연구』에서 「선원경학통고」 등을 해설하고 결론적으로 다음과 같이 지적한다. [15]

(이상의 논의를 보면) 하곡의 曆數觀이 河洛에 의거하였고, 경학적 역리면에 중점을 두었던 것을 알 수 있으며, 그만큼 음양운동을 비롯

---

15) 윤남한, 『조선시대의 양명학 연구』, 331쪽.

하여 潮汐의 消長에 이르기까지도 易經과 書經을 근거로 하여 풀이하
였다. 그는 天道에는 元亨利貞을, 地理에는 德合无疆을 결부시켰고, 日
月運行에는 生生不息의 理를, 乾坤定位에서는 道體無窮의 義를 설명
하였으며, 品物의 流形處는 形神氣血에다 연관하여 人身上의 作爲面
에서 다루되 太陽陰陽의 橐과 四時五行의 運과 그리고 健順의 德과 五
常의 性을 합하여 天人을 一體化하였던 것 같다. 따라서 心性的 道義
面에서는 道器를 일원화하였던 것이며, 窮局面에서는 양명사상에서
강조되는 萬物一體說을 구체화한 것이라고 할 수 있다. (문맥에 맞게
일부 인용자가 강조 혹은 수정하였음)

위의 1)에서 심우준는, 하곡의 「선원경학통고」, 「기삼백설」, 「천지
방위리도설」, 「칠요우행설」, 「조석설」 등을 완역한 뒤 이를 토대로, 천
체, 지체, 인체에 대해서 하곡이 어떤 견해를 갖고 있었는지를 잘 요
약하고 있다.

그리고 2)에서 윤남한은 하곡의 천도, 지리, 인신론의 논의가 주로
『역경』과 『서경』과 같은 중국의 고전을 토대로 이뤄져 있으며, 이것
은 궁극적으로 양명 사상에서 드러나는 만물일체설을 구체화한 형태
로 천지인(天地人)의 삼재를 설명한 것이라 보고 있다.

특히, 하곡에서 역학이 중시되는 것은 양명학자의 경우를 보더라
도 우연이 아니다. 윤남한이, 「왕학(王學)에서 역학이 존중되고 있는
것은 (왕양명은 물론)[16][인용자 주] 명말(明末)의 황종희(黃宗羲)가
『역학상수론(易學象數論)』을 저술한 것으로도 알 수 있거니와 조선

---

16) 이에 대해서는 최재목, 「왕양명의 생애」, 『왕양명철학연구』, 김길락외 편, (청계,
2001), 57~58쪽 참조.

시대 양명학과 관련된 인물로서 역(易)에 조예가 깊었던 것은 상촌 (象村) 신흠(申欽)과 지천(遲川) 최명길(崔鳴吉)의 경우도 들 수 있고 지천의 손자인 명곡(明谷) 최석정(崔錫鼎)이 또한 그러하였는데, 하곡학에 있어서도 역학은 그의 상수학과도 관련하여 중요한 위치를 차지하고 있는 것이다.」[17]라고 지적한 것은 이를 이해하는데 좋은 참고가 될 만하다.

## 3. 하곡 자연학의 발단과 그 자리매김

종래의 연구에서 지적하고 있는 대로, 하곡 생애는 주거지의 3변 (三變), 즉 경거(京居. 출생~40세까지)→안산(安山. 41세~60세까지)→강화(江華. 61세~88세 서거)라는 식으로 나누어 이해할 수가 있다.[18] 그리고 윤남한이

그의 著述活動도 그의 生涯의 三變이나 그 학의 段階的 進展過程이 거의 그대로 표현되었음을 알 수 있다. 그의 저술이 「存言」과 같은 陽明的 心性說에서 朱·王學을 연결하는 「心經集義」나 周·程子의 主靜 ·定性說의 표현인 「定性書」, 「通書解」등에서 보이는 主一, 主靜的 心性學을 거쳐서 晚年에는 그의 全精力이 經學的 世界에 沈潛했듯이 「經

---

17) 윤남한, 『조선시대의 양명학 연구』, 327쪽. 이것은 일본 양명학의 경우에도 그렇다. 일본 양명학의 시조로 불리는 中江藤樹에서도 마찬가지로 易學은 중시되고 있다.
18) 이 견해는 윤남한이 시도한 이래 거의 정설화 되어있다. 윤남한, 『조선시대의 양명학 연구』, 210쪽.

說」, 「經學集錄」등의 著述로 표현되어 經學 내지는 經世學으로 집약되어 나타났기 때문이다. 즉 霞谷學은 初年의 程朱說, 中年의 王學說 및 晩年의 禮說, 服制說, 天文, 星曆, 氣數論 및 經世論 등으로 그 중점이 달라졌던 것이다.[19]

라고 지적한 대로, 생애의 3변에 비견할만한 「학문의 3변」도 추정해 볼 수 있다. 하곡의 자연학이 본격적으로 나타나는 것은 강화에 은거하는 만년의 학문기에 해당한다. 이를 도표화하면 다음과 같다.[20]

| 하곡의 생애 및 학문의 변화 과정 | | |
|---|---|---|
| 내용＼시기 초년 | 중년 | 만년 |
| 생애의 삼변 京居期(출생 ~40세까지) | 安山期 (41세~60세까지) | 江華期 (61세~88세 서거까지) |
| 학문의 삼변 程朱說期 | 王學說期 | 禮說 · 服制說, 天文 · 星曆, 氣數論 · 經世論期 |
| 비 고 | • 王學으로의 轉化期: 24세~33세<br>• 王學의 表明 및 專治期: 34세~ | • 왕학의 병폐 지적(83세)<br>• 朱 · 王學의 연계 혹은 程朱學으로의 회귀(?)* |

* 향후 검토 대상임.

하곡의 「연보」의 「영조(英祖) 6년, 10월」 조에는

천원설을 짓다. 선생은 역법이 어긋나고 잃어버림을 병통으로 여겨

---

19) 윤남한, 『조선시대의 양명학 연구』, 226쪽.
20) 특히 학문의 삼변에 대해서는 윤남한, 『조선시대의 양명학 연구』, 214~225쪽을 참조하여 재구성 하였음.

서, 이를 지어 설명하여 바로잡아 또한 선원고(=선원경학통고)라 이름
하였다.

　著天元說 先生病曆法乖失, 著說以正之亦名璇元攷[21]

라고 있다. 이것은 (그가 88세의 고령으로 죽기 6년 전인) 82세 때의
일로서, 그의 만년의 사상을 잘 드러내 보이는 것이라 할 수 있다. 하
곡은 평소 역법(曆法)이 어긋나고 잃어버림[乖失]을 병통으로 인식
하고 있었던 것 같다. 그래서 그는 영조 6년(1730)년 10월에 「천원설
(天元說)」을 지었다. 이것을 「선원경학통고」라 이름하였다는 것이다.
이것은 역법(曆法)에 대한 모순점을 바로잡고 상세히 논의한 것이
다. 덧붙인다면, 「천원(天元)」이란 하늘의 원기(元氣)가 운행하는 것
이며, 「천문(天文)」・「역상(曆象)」을 두고 말한다. 「선원경학통고(璇
元經學通攷)」의 '선원'이란 천원(天元)과 같은 뜻이다. 「천원(天元)」
이란 『후한서(後漢書)』「진총전(陳寵傳)」의 「十一月, 天以爲正, 周以
爲春, …, 周以天元, 殷以地元, 夏以人元」에서 온 것 같은데, 천문(天
文)・역상(曆象)을 내용으로 한 것이다. 「선원(璇元)」의 '선(璇)'은
북두칠성의 제2성을 말하며, '원(元)'은 하늘의 원기가 운행하는 것
이다. 그래서 '선원'은 북극성을 중심으로 해서 하늘이 별 자리가 움
직이고, 하늘의 기운이 움직이는 것(즉 절기의 변화)을 말하므로, 주
로 천문 기상 등과 관련한 자연학의 일종이다. 그럼 그가 하필이면 천
문이나 기상 쪽으로 눈을 돌렸을까? 그리고 그것은 당시 어느 정도의
수준이며, 누구의 이론을 참조하고 있었는가 하는 점에 주목할 필요

---

21) 정제두, 『霞谷全集』上, 328쪽.

가 있을 것 같다.[22]

아울러 하곡의 「선원경학통고」 등에서 알 수 있듯이 그의 자연학은
『주역』, 『서경』 등과 같은 중국 고전 즉 문헌의 세계와 깊게 관련되어
있다. 그만큼 그의 자연학은 문헌학의 범위를 크게 넘어서지 못하는
것이었다고 하겠다. 물론 이들 문헌 속의 자연학 관련 내용이 얼마나
실증적이며, 현대적 의미의 과학에 다가서 있는가 하는 것은 좀더 논
의해봐야 할 부분이기도 하다. 어쨌든, 하곡학에서 자연학과 문헌학
의 결합은 그의 철학사상체계가 갖는 특징이라 생각된다. 그리고 「선
원경학통고」, 「기삼백설」, 「천지방위리도설」, 「칠요우행설」, 「조석설」
속에서 빈번히 인용되는 중국의 서적 및 개념, 인명지명 등은 중국중
심의 세계관의 틀 속에서 사유된 그의 사상적 윤곽을 잘 보여주고 있
다. 그러나 한편으로는 구체적인 도수(度數), 세밀한 측량을 제시하
거나 밀물썰물(潮汐)과 같은 자연현상을 두고, 그 저면에 있는 원리,
법칙을 끌어내어 중국의 전통적 이론으로 설명하고자 하는 것은 합리
적이고 고증적이며, 그 점에서 서양의 근대정신에 많이 다가서 있음
을 보여주고 있다.


## 4. 하곡 자연학 연구의 과제

이상, 하곡 자연학의 예비적 고찰을 해왔다. 이제 하곡을 자연학을
본격적으로 연구하기에 앞서 다음과 같은 주된 물음이 남는다 ; 그가

---

22) 이에 대한 힌트는 심우준의 언급(주14)에서도 얻을 수 있을 것 같다.

천일합일, 만물일체론적으로 끌고 갔던 자연학이, 오히려 천인의 분리를 통해 체계화한 것이었다면 어떤 모습이었을까? 그리고, 중국의 고전에 집착되어있던 그의 자연만물에 대한 지식체계가, 오히려 문헌을 통하지 않고 직접 자연에 다가서서 경험적으로 쌓아올린 것이었다면 어떤 모습이었을까?

그러나 이러한 물음들은 하곡에게 큰 의미가 없을 수도 있다. 왜냐하면 궁극적으로 그의 철학사상과 자연학의 기본 전제는, 그의 「양지체용도(良知體用圖)」에서 잘 드러나 있듯이 「천지만물일체무간(天地萬物一體無間)」이며[23], 「不外吾心性, 天人自一元(나의 심성을 벗어나지 않으면, 하늘과 사람은 저절로 하나의 근원일세」[24]라고 하듯이 천인일원(一元)·합일(合一) 혹은 무간(無間)이었기 때문이다.

하곡의 자연학이 주로 안산기(安山期. 41세~60세까지)에서 강화도로 은둔한 이른바 강화기[江華期. 61세~88세(의 서거)까지]에 이뤄지는 것은 심성학이, 주로 주역과 서경 등의 고전에 기초한 우주론·천문학·기상학에 의해 결합함으로써, 인간과 자연의 합일(인간학+자연학)을 이루게 된 것이라 할 수 있다. 그의 학문 변천의 과정에서 윤곽을 짚어본다면, 자연→인간이 아니라 우선 ① 인간→자연이라는 식의 시점이 설정된 다음, ② 인간과 자연의 합일(인간학+자연학)을 이루게 된다. 그렇다면 이것은 「심성론, 인간론의 심화로서 자연학」인가, 아니면 「심성론, 인간론에서 자연학으로」인가, 아니면 또 다른 어떤 것인가. 이것은 그의 저술을 통해서 구체적으로 논의되어야

---

23) 이에 대한 구체적인 설명은 최재목, 『동아시아의 양명학』, (예문서원, 2000(2쇄)), 115~126쪽 참조 바람.
24) 『霞谷全集』上, 「詩(拾遺)/草亭新居」254쪽.

할 것이다. 하곡이 당시 혹은 전통적인 우주론·천문학·기상학 등을
토대로 구축해냈을 자연학이 그의 철학체계와 결합하여 그 속에서 어
떤 역할을 했고, 또 그것은 어떤 의미를 갖는가를 규명하는 것은 흥미
로운 일이다.[25]

  그리고 이를 위해서는, 첫째로, 그의 「선원경학통고」, 「기삼백설」,
「천지방위리도설」, 「칠요우행설」, 「조석설」에 대한 세밀한 검토와 더
불어, 둘째로, 이러한 이론들이 당시의 관련이론들과 어떻게 연계되
고 또한 의미가 있는 것인지, 그리고 셋째로, 그의 후계자(이른바 강
화학파) 등에 어떻게 계승되어 가는지가 차후 착실하게 밝혀져야 할
것이다.

---

25) 여기서 우리는, 『주자의 자연학』을 ① 우주론(宇宙論) ② 천문학(天文學) ③ 기
  상학(氣象學)의 세 부분으로 나누어서 쓰고, 종장(終章)을 「자연학에서 인간학으
  로」라고 구성한 야마다 케이지(山田慶兒)가 책의 첫머리에 중국의 전통적인 우
  주론(「우주론전사(宇宙論前史)」)을 기술하는데서 다음과 같이 지적하고 있는 것
  은 하곡의 자연학 연구에서도 어느 정도 염두에 둘만하다. "근대과학에 의해서 그
  기초가 마련되기 전까지 우주의 생성과 구조에 관한 이론은 언제나 원형적인 과
  학이론임과 동시에 형이상학 그 자체이기도 했다. 바꾸어 말하면, 소수의 과학적
  인 관찰과 한정된 일상경험적인 인식에 근거하고, 전통적인 관념과 유추에 의해
  서 일반화된, 그리고 체계적이고자 하는 사상이 궁극적으로 거기서 존재근거를
  찾는 기초이론이었다. 우주론의 이런 이중성은 그 내용을 이루는 생성론과 구조
  론의 이질성에서 단적으로 나타난다. 우주구조론은 과학, 특히 천문학의 발전에
  결정적으로 의존한다. 우주생성론은 얼마간의 과학적인 소재가 존재하는 경우에
  있어서조차도 사변에 머물고 있다.?(강조는 인용자. 야마다 케이지, 『朱子의 自然
  學』, 33쪽).

# Ⅳ. 동아시아에서 하곡 양명학의 의미

## 1. 시작하는 말

한국 양명학을 거론할 경우 하곡(霞谷) 정제두(鄭齊斗. 1649~1736) (이하 하곡)를 거론하지 않을 수 없다. 하곡은 그 이전의 양명학에서 보여주지 못했던, 양명학에 대한 폭넓고도 체계적인 연구, 그리고 양명학적 입장에서 행한 경전 해석 등을 통해서 한국 양명학을 집대성하였다. 뿐만 아니라 그의 양명학은 그가 강화도에 은거함으로써 시작되는 강화학파(江華學派)에 의해 전승되고, 나아가서는 근현대기 한국의 지식인들에게도 유전된다.

좀더 시야를 넓혀서 말하면, 그는 「양지체용도(良知體用圖)」 등에서 보여지듯이 양명학을 새롭게 해석하여, 동아시아의 양명학 지형도 (知形圖)에서도 새로운 경계표(landmark)를 마련하고 있는 인물이다.

이 글에서는 정제두가 동아시아 양명학사에서 갖는 위치를 몇 가지

로 짚어보면서 그를 재평가하는 자리를 마련해보고자 한다.[1]

## 2. 한국양명학의 집대성자 및 「강화학파」 창시자로서의 하곡

한국 양명학의 커다란 맥락은 일반적으로 지적되듯이, 주로 소론 (少論) 계통 학자의 가학(家學) 형태로 전승되다가 하곡에 이르러서 대성하게 된다. 그 이전에 양명학을 수용한 사람으로서 남언경(南彦 經)과 그의 문인 이요(李搖), 그리고 허균(許筠), 장유(張維), 최명길 (崔鳴吉) 등이 있으나 체계적인 연구의 흔적은 발견할 수 없다.

하곡은 초년의 「경거기」(京居期. 출생~40세까지)와 중년의 「안산 기」(安山期. 41세~60세까지)를 거쳐 즉 61세(숙종 36, 1709년) 8월

---

1) 이 논문은 다음의 연구를 많이 참고하여 정리하였다.
- 최재목, 「동아시아에 있어서 양명학 전개의 한 양상- 鄭霞谷과 中江藤樹의 〈致 良知〉해석을 중심으로-」, 『철학논총』제9집, (영남철학회 1993)
- _____, 「양명학의 한국적 변용 : 하곡(霞谷) 양명학 사상의 동아시아적 위치」, 『철학논총』제10집, (영남철학회, 1994)
- _____, 「하곡 양명학의 특질에 대한 비교론적 조명」, 『유학연구』제3집, (충남대 학교부설유학연구소, 1995)
- _____, 「한국에서의 양명학 연구성과의 회고와 전망」, 『중국학보』제38집, (한 국중국학회, 1998)
- _____, 「하곡 정제두의 자연학에 대한 예비적 고찰」, 『양명학』제6호, (한국양명 학회, 2001)
- _____, 「강화 양명학파 연구의 방향과 과제」, 《충남대학교 유학연구소 학술 발표회: 명재가학 및 양명학 연구의 현황과 전망》, (충남대학교 유학연구소, 2004)

안산에서 강화도 하일리로 이거(移居)하고부터[2]인 이른바 만년의
「강화기」(江華期. 61세~88세 서거까지)에는 그곳(강화도)을 거점으
로 저술과 강학을 시작한다.

　이후, 당대의 세파를 피하여 1710년 이주해 온 전주이씨 가문 정종
(定宗)의 별자(別子) 덕천군파(德泉君派) 후손[3]인 이광명(李匡明)이
하곡의 최초의 제자가 되고, 그의 직계손들을 중심축으로 구한말의
이건창(李建昌)·이건승(李建昇), 이건방(李建芳)으로 연결되며, 여
기서 다시 정인보(鄭寅普)로 학문이 전승된다.[4] 이렇게 하곡과 이광
명의 사승관계, 혼맥관계 등으로 학파적 기초가 형성되어 「강화학파
(江華學派)」가 전개되어 갔던 것이다.[5]

---

2) 『霞谷全書』(서울: 여강출판사, 1988)상, 「연보」61세조, 322쪽 참조.
3) 이들 王孫은 詩文, 書畵 등 文才에 뛰어났다.(구체적인 것은 박연수, 『양명학의 이
　해: 양명학과 한국 양명학』, (서울: 집문당, 1999), 291~292쪽 참조 바람).
4) 서경숙,《초기 강화학파의 양명학에 관한 연구》, (성균관대학교 대학원 박사학위논
　문, 2001), 29쪽, 281쪽 참조.
5) 강화학파 자체에 대한 본격적인 논문은 다음을 참고바람.
　• 빈무식,《朝鮮朝 陽明學에 있어서의 江華學派 형성에 關한 硏究》, (인하대학교
　　대학원 석사학위논문, 1981)
　• 서경숙,《초기 강화학파의 양명학에 관한 연구》, (성균관대학교 대학원 박사학위
　　논문, 2001) 그리고 강화학파의 사상과 문학 등에 대한 개설적인 논의는 아래를
　　참고바람.
　• 유명종, 「江華學派의 양명학 전통」, 『철학연구』제29집, (철학연구회, 1980)
　• 금장태, 「心學(陽明學)의 역할과 강화학파의 성립」, 『한국 종교사상사 - 유교·
　　기독교 편 -』, (서울: 연세대출판부, 1986)
　• _____, 「心學派—江華學派」, 『續儒學近百年』, (서울: 여강출판사, 1989)
　• 민영규, 『江華學 최후의 광경』, (서울: 도서출판 又半, 1994)
　• 유명종, 『性理學과 陽明學』, (서울: 연세대학교출판부, 1994).
　• 유준기, 『한국근대유교 개혁운동사』, (서울: 도서출판 삼문, 1994).
　• 최영성, 「양명학의 전래와 발전」, 『韓國儒學思想史』Ⅲ, (서울: 아세아문화사,
　　1995)

강화학파의 대략적인 흐름은, 하곡이 강화학의 기초를 확립한 이후 그의 아들 정후일(鄭厚一)과 그의 문인인 이광명(李匡明)·이광사(李匡師)·이광신(李匡臣)·심육(沈錥)·윤순(尹淳)·이진병(李震炳)·정준일(鄭俊一)·송덕연(宋德淵)·최상복(崔尙復)·이선협(李善協)·신대우(申大羽)·이광려(李匡呂)·성이관(成以觀)·오세태(吳世泰)·이선학(李善學)·김택수(金澤秀) 등이 있었다. 이후, 이들의 학문은 가학으로 전승된다. 하곡의 아들 정후일의 학문은 그

---

- 최재목,『동아시아의 양명학』, (서울: 예문서원, 1996)
- 박연수,『양명학의 이해: 양명학과 한국양명학』, (서울: 집문당, 1999)
- 유명종,『왕양명과 양명학』, (수원: 청계, 2002).
- 심경호,「19세기 말 20세기초 강화학파의 지적 고뇌와 문학」,『어문논집』제41집, (안암어문학회, 2000)
- ____,「강화학의 虛假 批判論」,『大東漢文學』제14집, (대동한문학회, 2001)
- 박준호,「江華學派의 文學世界에 대한 一考察」,『大東漢文學』제14집, (대동한문학회, 2001). 참고로 한국정신문화연구원에서 간행한『강화학파의 문학과 사상(1)』(1993),『강화학파의 문학과 사상(2)』·『강화학파의 문학과 사상(3)』(1995),『강화학파의 문학과 사상(4)』(1999)은 강화학파의 연구의 발전을 의미한다. 그리고, 大東漢文學會에서〈陽明學과 韓國漢文學〉이란 주제로 학술회의가 개최된 바 있다. 鄭德熙의「陽明學의 性格과 朝鮮的 展開」, 沈慶昊의「江華學의 虛假 批判論」, 李熙穆의「寧齋李建昌의 陽明學과 文學」, 박준호의「江華學派의 文學世界에 대한 一考察」이 발표되었다(발표문은 모두『大東漢文學』제14집(대동한문학회, 2001)에 실렸다). 다만, 여기서는 문학, 역사 분야의 연구 업적은 일일이 열거하지 않기로 하고, 아래의 한국 양명학 관련 논문 및 역저서 목록을 참조바람.
- 최재목,「한국의 양명학 연구에 대한 회고와 전망」,『철학회지』제21집, (영남대학교 철학과, 1997)
- 김세정,「국내 상산학 양명학 연구 목록」,『양명학: 인간과 자연의 한몸짜기』, (대전: 문경출판사, 2001), 301~363쪽
- ____,「국내 상산학 양명학 연구 총목록」,『陽明學』제5호, (한국양명학회, 2001), 309~362쪽.
- 송석준,「한국 양명학의 형성과 전개」,『한국양명학회 2004년도 춘계학술대회 자료집: 한국 현대 양명학의 위상』, (한국양명학회, 2004), 4~28쪽.

사위인 이광명과 그의 고손인 정문승(鄭文升)·정기석(鄭箕錫. 6대손)·정원하(鄭元夏. 7대손) 등으로 계속 이어졌으며, 신대우의 심학은 그 아들인 신작(申綽)·신현(申絢)으로 계승되었다. 강화학파의 가장 큰 줄기는 역시 전주 이씨 덕천군파 가문인 이광신·이광려·이광사·이광명이다. 이들의 학문 전승을 다시 살펴보면, 이광려는 정동유(鄭東愈)로, 이광사는 그의 아들인 이긍익(李肯翊)과 이영익(李令翊)으로, 이광명은 양아들인 이충익(李忠翊)과 이면백(李勉伯)·이시원(李是遠)·이지원(李止遠)으로 이어졌다. 이시원의 심학은 다시 이상학(李象學)·이건창(李建昌)·이건승(李建昇)에게, 이지원의 학문은 이건방(李建芳)·정인보(鄭寅普)로, 정인보의 학문은 다시 연희전문학교 제자인 민영규(閔泳珪)로 이어졌다. 이렇게 강화학의 학통은 현재까지도 계승되고 있다.[6]

이러한 강화학파의 전개를 시기별로 구분하여, 하곡의 친전제자들을 '초기 강화학파', 재전제자들을 '중기 강화학파', 그 이후의 제자들을 '후기 강화학파'로 구분해 보는 방식도 가능할 것이다.[7]

그리고 저술면에서 하곡을 보면, 그는 「아주 광범위한 학설을 세워서 양명의 문하에서도 미치지 못할 대저(大著)를 남긴 사람」[8]이라고 평가된다. 그가 남긴 저술은 현재 『하곡전집(霞谷全集)』상·하 2권[9]

---

6) 유준기,『한국근대유교 개혁운동사』, (서울: 도서출판 삼문, 1994), 238~239쪽 참조.

7) 서경숙,《초기 강화학파의 양명학에 관한 연구》, (성균관대학교 대학원 박사학위논문, 2001), 281쪽. 서경숙이 '말기 강화학파'로 한 것을 나는 '후기 강화학파'로 고쳐 불렀다.

8) 鄭寅普,『陽明學演論』, 삼성문화문고 11, (서울: 삼성문화재단, 1972), 163쪽.

9) 鄭齊斗,『霞谷全集』(서울: 여강출판사, 1988). 이에 대한 한글 번역은,『國譯 霞谷集』1·2, 윤남한 옮김, (서울: 민족문화추진회, 1972)이 있다.

속에 온전히 수록되어 있다. 그 대부분은 41세 이후에 이루어진 것들
이다. 그의 대표적인 저술로서 양명학적 입장으로 일관하는 「학변(學
辨)」과 「존언(存言)」[10]의 대체적인 틀이 안산 시기에 만들어지며, 「심
경집의(心經集義)」, 「경학집록(經學集錄)」, 「중용설(中庸說)」 등은
강화 시기에 저술되었다.[11] 이러한 저술들을 통해서 보면 그의 학문의
중점은 초년의 정주설(程朱說)에서 중년의 왕학설(王學說)로, 그리
고 만년의 예설(禮說), 복제설(服制說), 천문(天文), 성력(星曆), 기수
론(氣數論) 및 경세론(經世論) 등으로 달라져 가는 것을 알 수 있다.[12]

## 3. 양지, 치양지론에서 보이는 사상적 특질과 의의

### 1) 양지의 체용론적 이해 : 「양지체용도」를 중심으로

하곡의 양명학에서 가장 특징적인 것을 들라고 하면 그의 양지 해
석의 독창성이다. 그의 양지 해석이 잘 드러나 있는 것은 다름 아닌
그의 유명한 「양지체용도(良知體用圖)」이다.

하곡이 양지를 체용론적으로 이해한 것은, 간단히 말하면 당시 주

---

10) 이 「存言」은 상·중·하 3편이다. 이것은 왕양명의 「傳習錄」 상·중·하 3편에
   필적하는 것으로 간주된다.(柳承國, 「鄭齊斗―陽明學의 泰斗」, 『韓國의 人間像』
   (4) (서울: 新丘文化社, 1966), 280쪽 참조).
11) 尹南漢, 『조선시대의 양명학연구』 (서울: 집문당, 1982), 37~38쪽 참조. 정
   제두의 저술에 대한 총괄적 이해는 같은 책의 231~353쪽을 참조 바람.
12) 尹南漢, 『조선시대의 양명학연구』 (서울: 집문당, 1982), 226쪽 참조. 이 내용을
   도표화하면 다음과 같다.(이에 대한 것은 최재목, 「하곡 정제두의 자연학에 대한
   예비적 고찰」, 『양명학』제6호, (한국양명학회, 2001), 82~85쪽 참조).

자학자들의 양명학, 그 중에서도 양지(良知)설 비판과 그에 대한 변론을 통해서 제기되어 완성된 것이다.

요컨대 하곡은 정주학과 양명학이 내용상 다르다는 점은 인정하나, 주자학은 '만수(萬殊)=말(末)에서 일체(一體)=본(本)으로' 가는 데 반해 양명학은 '일본(一本)=본(本)에서 만수(萬殊)=말(末)로' 가는 이론 구성을 하고 있어 근본 취지에서는 양자 사이에 큰 차이가 없다고 지적하였다.[13]

---

13) 하곡은 「주자는 뭇 사람들이 (곧바로) 하나의 본체 되는 곳[一體處]을 얻음이 능치 못한 데서 길을 잡았으므로 그 설이 먼저 만 가지로 갈라진 곳[萬殊處]으로부터 들어갔고, 양명은 성인의 근본인 하나의 본체 되는 곳[一體處]에서 길을 잡았으므로 그 학문은 하나의 근본 되는 곳[一本處]으로부터 들어갔다. 하나는 끝에서 근본으로 가고[自末而之本], 하나는 근본에서 끝으로 간[自本而之末] 것이다. 이것이 그 서로 갈라지는 바이다. 그 하나만을 주로 하고 다른 하나는 없애는 것이 아니라면 둘 다 마찬가지일 것이다. 잘 배우지 못한다면 이 두 가지의 폐단 역시 모두 없을 수 없고, 만약 두 파의 학문을 잘 이용한다면 역시 같은 한 가지 길로 돌아가 크게 서로 멀어지지 않을 수도 있는 것이다.(『霞谷全集』 上, 「答閔彦暉書」: 蓋朱子自其衆人之不能一體處爲道, 故其說先從萬殊處入, 陽明自其聖人之本自一體處爲道, 故其學自其一本處入, 其或自末而之本, 或自本而之末, 此其所由分耳, 其非有所主一而廢一則俱是同然耳, 使其不善學之, 則斯二者之弊, 正亦俱不能無者, 而如其善用二家, 亦自有同歸之理, 終無大相遠者矣.")라고 주자학과 양명학의 이론 구성에 보이는 특질을 개괄하고 있다. 나아가서 그는, 「이른바 王氏의 설도 역시 나름으로 본원이 있습니다. 비록 程朱와는 같지 아니하나 그 본지[指]는 정주와 다를 것이 없습니다. 그러나 한 두 가지 점에서 자세히 살펴보아야 할 것이 있습니다. …수백 년간 여러 선비들이 분분하게 말이 많았던 것도 실로 이 때문입니다.」(『霞谷全集』 上, 「答尹明齋書(壬午)」: 所謂王氏之說, 亦自有本源, 雖云不同於程朱, 其指則固是一程朱也, 然於其一二之間, 容不得不審察者, 此所以難言直棄, 亦難於爲說, 數百年間, 凡諸儒紛紛實以此也)라고 말한다. 여기에서 정하곡의 학문이 주자학과 양명학의 연계를 도모한 학문이라는 관점(尹南漢, 『조선시대의 양명학연구』, (집문당, 1982)의 논지를 참조할 것)도 가능해진다.

| | 一本 · 一體 | | | |
|---|---|---|---|---|
| | 本(=上達) | | | |
| 주자 | ↑ | ↓ | 양명 | |
| | 萬殊 | | | |
| | 末(=下學) | | | |

하곡은 비록 정주학과는 같지 아니하지만 정주학과 다를 것이 없는 양명학의 '본지'를 규명하여 종래 분분했던 의혹을 풀고자 하였다. 특히 그는 양명학에 대해 적지 않은 편견과 오해를 가지고 있던 민성재(閔誠齋. 이름은 以升. 誠齋는 호)와 많은 논변을 벌였다.

하곡은 그 과정에서 「심성의 취지에 대해서는 아마도 왕문성(王文成. 양명)의 학설을 바꿀 수 없을 것」[14]이라는 확고한 입장에 서서 자신의 양명학관을 피력하였다. 다시 말해서 하곡은 「'양지'라는 말은 『맹자』에서 나왔지만, 그(良知)설은 『대학』의 치지(致知)로서 실은 명덕(明德)이 그것이다」[15]라고 하여 양지 · 치양지론이 원래 어디에 근거하고 있는지를 논하는 등 양지라는 것이 왕양명이 만년에 자신의 전체험을 집약하여 형성한 궁극적인 개념이라는 것을 밝히고자 하였다.

이에 대해 민성재는 「양지의 학문은 심과 성과 천을 모르는 것」[16]이라 하거나, 「양지밖에 따로 한 층의 성명(性命)의 원두(源頭)가 있다」[17]고 하여, 양지를 궁극적인 개념으로 간주하지 않았다. 더욱이, 민

---

14) 『霞谷集』 上, 「擬上朴南溪書」 : 心性之旨, 王文成說, 恐不可易也.

15) 『霞谷集』 上, 「答閔彦暉書」 : 且良知者, 其文孟子其說, 卽大學致知, 而實明德是也.

16) 『霞谷集』 上, 「答朴南溪書(戊辰)」 : 良知之學, 不知心也性也天也.

17) 『霞谷集』 上, 「答朴南溪書(戊辰)」 : 良知之外, 別有一層性命源頭.

성재는 「양지는 체(體)가 아닌 용(用)」이라고 보았을 뿐 아니라[18] 양지를 근본되는 본령으로 간주하지도 않았다.[19]

이에 대해 정하곡은 「양지의 설은 지각의 측면만 가지고 말할 수 없다」[20]고 하고, 또 「'지(知)'자가 지각(知覺)과 같다는 것만 보고 그 '양(良)'자가 성의 체(性體)가 됨을 알지 못하니, 어찌 양지의 설을 이미 알았다고 이를 수 있는가?」[21]라고 지적하였다. 하곡은 민이승의 입장은 「마치 나정암(羅整庵)이 양명의 '양지를 천리라 하는 설'에 대해 『양지는 우리 마음의 지각이다. 어찌 천리라고 할 수 있는가?』라고 비판하여 천리와 양지를 실체(實體)와 묘용(妙用)으로 갈라 보는 것과 같다」[22]고 보고 있다.

어쨌든 하곡은 왕양명이 「양지는 이 마음의 본체요, 마음의 본체는 곧 천리」라고 한 말을 인용하고 나서, 「어찌 유독 그 '지식'이라는 한 대목만 가지고서 (양지에) 해당시키겠는가?」라 하여 민성재의 양지 이해가 편협하였음을 지적하였다.[23]

이러한 논변의 과정에서 민성재는 하곡에게 「양지도(良知圖)」를 그려 보낸다. 현재 이 민성재의 양지도는 어떤 것이었는지 분명하지

---

18) 『霞谷集』上, 「答閔彦暉書」: 必以爲明德體良知用也.
19) 『霞谷集』上, 「答閔彦暉書」: 良知良能則非本領根極.
20) 『霞谷集』上, 「答閔彦暉書」: 其所謂良知之說, 不可只以知覺一端言之也.
21) 『霞谷集』上, 「答閔彦暉書」: 且只看其知字之爲同於知覺, 而不見其良字之爲性體, 其可謂已見良知之說者乎.
22) 『霞谷集』上, 「與閔彦暉論辨言正術書」: 昔羅整庵亦嘗以陽明良知卽所謂天理之說 爲非而辨之, 其意槪曰, 天理者人性之所具也, 良知者吾心之知覺也, 何足以良知爲 天理, 以天理與良知謂之有實體妙用之分矣, 今來諭之說良知, 正與此略同矣.
23) 『霞谷集』上, 「答閔誠齋書」: 良知蓋亦狀其本心體段而爲言爾, 其實不過卽亦心之 天理而已, 故其書曰良知是心之本體, 心之體卽天理之謂, 豈獨以其知識一節而當之 也.

않지만, 하곡은 민이승의 이「양지도」가 왕양명의 본의와 맞지 않는 바가 있다고 보고, 자기 견해에 입각해서 수정한 그림을 그에게 다시 보냈다.[24] 정하곡이 민이승에게 다시 그려 보낸 '양지도'는 양지를 체와 용으로 구분하여 설명하고 있다 하여 일반적으로「양지체용도」라고 부르며, 이미 지적한대로 여기에 그의 채용론적 사고가 집약적으로 드러나 있는 것이다.

정하곡의 양지론이 도상적으로 집약이 되어 있는「양지체용도」는 『하곡집』의「답민성재서(答閔誠齋書)·2」에 실려 있다.[25]「양지체용도」는 세 개의 동심원 즉, 안쪽이 '성권(性圈)', 중간이 '정권(情圈)', 바깥이 '만물권(萬物圈)'으로 구성되어 있다. 그리고 원의 바깥 위와 아래에는 '천(天)'과 '지(地)'를 각각 써 놓고 있다. 이것은 인간을 포함한 천지만물이 존재하며 활동하는 구체적 장(場)을 표시한 것이다. 그림에서 각각의 영역[圈] 사이에 원이 둘러져 있는 것은 영역의 논리적인 구분을 암시한다. 그러나 이러한 구분도, 아래에서 언급하듯이, 적어도 어떤 전제를 가지고 있음을 알 수 있다. 즉 그림의 안쪽이 '성', 중간이 '정', 바깥이 '만물'로 되어 있는 것이 그것이다. 이것은 단순한 순서 매김이 아니다. 주재라는 측면에서 볼 때 사람의 성과 정이 만물 가운데서 중추 역할을 하고 있음을 나타내고 있는 것이다.

그러면「양지체용도」를 안쪽의 '성권'에서부터 '정권', '만물권'을 체용론과 관계 깊은 부분만 인용하면 다음과 같다.

---

24) 『霞谷集』上,「答閔誠齋書(二)」 참조.
25) 『霞谷集』上,「答閔誠齋書(二)」.

- 성권(性卷): 맹자 이후 보편적으로 인정된 유가의 윤리 규범, 즉 '인의(仁義)'와 '예지(禮智)'의 사덕(四德)을 그 본래적 성질로서 갖춘 '심지성(心之性)'을 원의 중심에 위치시키고, 그 아래 '심지본연(心之本然)'과 '양지지체(良知之體)'를 써서 '심지성'의 성격을 규정하고 있다. 다만 이 「양지체용도」가 양지에 관한 것임에도 불구하고, '심지성'은 눈에 띄는 큰 글자로 써서 강조하는 반면, '양지지체'는 보통 크기의 글자로 써 놓은 점이 두드러진다.(이는 '정권'의 경우에도 마찬가지이다). 이렇게 해서 '심지성'='심지본연'='양지지체'라는 등식 관계를 성립시킨다.
- 정권(情卷): '성권'의 '심지성' 오른쪽에 붙어 있는 '인의' 옆으로는 그 각각의 단서인 '측은(지심)(惻隱(之心))'과 '수오(지심)(羞惡(之心))'을, 마찬가지로 '심지성' 왼쪽에 붙어 있는 '예지' 옆으로는 그 각각의 단서인 '사양(지심)(辭讓(之心))'과 '시비(지심)(是非(之心))'을 대응시킴으로써 이른바 사단(四端)을 밝히고 있다. 제일 위쪽으로는 '심지성'에서 발동되는 감정의 양태를 형용하기 위하여 거꾸로 써 놓은 '희노애구애오욕(喜怒哀懼愛惡欲)'의 칠정(七情)이 있다. 원의 중심에는 '성권'의 방식에 따라 사단과 칠정을 내용으로 하는 '심지정(心之情)'을 큰 글씨로 적고, 그 밑에 보통 글씨로 '심지발(心之發)'과 '양지지용(良知之用)'으로써 그 성격을 규정하고 있다. 이렇게 하여 '심지정'='심지발'='양지지용'의 등식 관계를 성립시킨다.
- 만물권: 이 만물권은 가로로 그은 선에 의해 위의 반원인 '천권(天圈)'과 아래의 반원인 '지권(地圈)'으로 나누어지고, 각각에 짤막한 글이 붙어 있다. 그러므로 편의상 '천권'과 '지권' 가운데

'천권'만 보기로 하자.

• 천권: 제일 위에는 "이 한 권(一圈)을 통어하는 것은 심(心)이다. 그 가운데 성권은 「태극도太極圖」의 중권으로 아직 일찍이 음양에서 벗어남도 없고 또 일찍이 음양에 섞임도 없는 것이다"라고 하여, 「양지체용도」 전체[一圈]를 개괄하고 있다. 반원의 오른쪽에는, 그 가운데에 "사람의 신명으로써 말한 것이다. 모두 이름 붙여서 심(心)이라 한다"고 하여 심을 설명하고, 아래에 "내외가 없는 것이 모두 심이다. 형기로써 말한 것이다"라고 하여 역시 심을 설명한다. 그리고 그 왼쪽에는, 가운데에 "사람의 영명(靈明)으로써 말한 것이다. 모두 양지라고 일컫는다"라고 하여 양지를 설명하고, 아래에 "체상으로써 말하면 체는 양지의 체이고, 용은 양지의 용이다. 영소(靈昭)로써 말하면 제(帝)요, 지각하는 것으로써 말하면 화공(化工)이다"라고 하여 역시 양지를 설명하고 있다.

요컨대 양지는 비록 체(體)와 용(用)으로 나눌 수 있지만, 이 양지의 체용은 일심(一心)에 지나지 않는다는 것이다. 이러한 논의는 「답민성재서 · 2(答閔誠齋書 · 二)」에도 잘 드러나 있는데, 여기서 그는 『예기(禮記)』의 「악기樂記」편의 말을 인용하면서 다음과 같이 말하기도 한다.

「악기」에서 말하기를 "사람이 태어나서 고요한 상태는 하늘로부터 얻은 본성이다. 외물을 느끼어 (마음이) 움직이게 되는 것은 본성의 욕망이다. 외물이 이르려면 지知(智)가 그것을 안다[知知]. 그러한 후에 좋고 싫음이 드러난다"고 하였다. 양지는 비록 체와 용으로 나누어지지만, 그것은 결국 일심에 지나지 않는다. 즉 '지가 안다(知知)'는 말에서 앞의 '지'자는 체(마음에서 본래 밝은 것)이며, 뒤의 '지'자는 용(사물에 촉발되어짐에 지각하는 것)이다. 체를 가리켜서 양지라고 말할 때도 있다. 심의 본체, 즉 미발(未發)의 중(中)이 이것이다. 또 용을 가리켜서 양지라고 말할 때도 있다. 선악을 아는 것이 이것이다.『맹자』본문(즉 "所不慮而知者."「盡心章句上」. 인용자)의 '지'자는 뒤의 '지'자와 같다. 양명은 앞의 '지'자와 뒤의 '지'자를 통괄하고 겸하여서 말한 것이다. 이것이 오늘날 크게 놀라는 바의 것이다. 그러나 실은 하나의 '지'이지 분별할 수 있는 것이 아니다. 즉 다만 하나의 양지로 말하면 족한 것이다. 마치 불에 있어서와 같이 본래 밝은 것은 그 체이고, 빛의 빛남이 사물을 비추는 것은 용인 것이다. 그렇지만 그 밝음은 하나일 뿐이어서 '불'과 '비춤'으로써 그 밝음을 분별할 수가 없다.(공부와 본체가 서로 떨어질 수 없다고 하는 설. 인용자). 그러므로 통괄해서 하나의 양지를 말한 것도 또한 이와 같은 것이다. 어찌 헛되이 명목의 나눔에 구애되어 심체의 참[實]을 살피지 않는 것일까?[26]

중복

양지의 체용을 불의 '밝음'과 '비춤'에 비유하여 설명하고 있는 이 내용은 「양지체용도」 바로 밑에 그려져 있는 「여명체용도(麗明體用

---

26)『霞谷集』上,「答閔誠齋書(二)」: 樂記曰, 人生而靜, 天之性也, 感於物而動, 性之欲也, 物至知知, 然後好惡形焉, 其上知字是體(心之本明者), 下知字是用(就其發於物, 知此覺此者), 其有以指體而言曰良知, 是心之本體, 卽未發之中是也, 其有以指用而言曰良知, 是知善知惡是也, 蓋孟子本文似在下知字, 而陽明通上知下知字兼言之, 故此今日所大駭者也, 然其實卽一箇知, 非有可分別者, 則只言一良知足矣, 如火上本明其體也, 其光輝燭物其用也, 而其明卽一耳, 不可以火上與照上分別其明(此功夫本體不相離之說), 故統以一良知言之, 卽猶此耳, 豈徒拘於名目之分, 而不察心體之實然乎.

圖)」에도 잘 드러나 있다. 「여명체용도」는 양지의 체용 관계를 불에 비유하여 설명하고자 만든 것이다. 그러므로 이 그림 역시 「양지체용도」와 상응하여 세 개의 동심원으로 그려져 있다. 즉 안쪽부터 '화지성(火之性)권' · '화지정(火之情)권' · '전체개화(全體皆火)권'의 순으로 구성되어 있다.

그 요지는 하나의 양지를 체용으로 나눌 수 있다는 내용을 불에다 비유하여 설명한 것이다. 즉 불은 하나인데, 그 본래 밝은 것은 불의 체(體)이고, 빛의 빛남이 사물을 비추는 것은 불의 용(用)이라는 설명이다. 그래서 '불'과 '비춤'은 둘로 구분되는 것이 아니라는 이야기이다. 하나의 양지이지만, 그 본래 밝은 것은 양지의 체이고, 선악을 아는 것과 같은 작용은 양지의 용이다.

이렇게 본다면, 하곡이 양지가 하나라는 설명을 하면서도 체와 용의 작용을 비교적 엄밀하게 규정하고 구분하고 있음을 알 수 있다. 이것은 「양지체용도」에서도 알 수 있다. 다시 말하면 '양지지체'(='심지성'='심지본연')와 '양지지용(='심지정'='심지발')은 하나의 동심원 속에 배치된 것이 아니고 각기 다른 동심원으로 구분되어 있다는 것이 그것이다. 바로 이점에서, 왕양명에서 보여졌던 양지지체와 양지지용의 왕복순환성의 위험성은 일단 제거되고 안정된 위치를 획득하게 된다.[27]

---

27) 왕양명은 「대개 체와 용은 근원이 같다. 체가 있으면 곧 용이 있다」(『傳習錄』上: 蓋體用一源, 有是體卽有是用)고 하여 체용이 하나의 근원이기에 분리할 수 없다는 입장을 취한다. 그리고, 그는 체용을 동(動)과 정(靜)과 같은 시간성[時]의 문제와 분리시켜서 이해할 것을 말하고 있다. 다시 말해서 송대 유학에서 전통적으로 시간성을 개입하여 정(靜)=미발(未發)과 동(動)=이발(已發)과 같이 보고 또 이것을 각각 체와 용을 연결해 가는 것을 인정하지 않는다. 체와 용은 어떤 한 사

물의 두 호칭에 불과한 것이다. 다만 체용은 동정이라는 현실적 시간성을 개입하여 이러이러한 것이라고 의미를 부여하여 해석해낼 수 있을[可以見] 뿐이지 근본적으로는 시간성을 넘어서 있어 분별 가능한 실체가 아니라고 본다. 즉, 「마음은 동정(動靜)으로써 체용을 삼을 수 없다. 동과 정은 때[時]인 것이다. 체 쪽에서 말하면 용은 체에 있고 용 쪽에서 말하면 체는 용에 있다. 그러므로 체와 용은 근원이 같은 것이다. 만약 정(靜)한 데서 체를 볼 수가 있고, 동(動)한 데서 용을 볼 수가 있다는 식으로 말하는 것 같은 것은 괜찮다」(『傳習錄』上: 先生曰, 心不可以動靜爲體用, 動靜時也, 卽體而言, 用在體, 卽用而言, 體在用, 是謂體用一源, 若說靜可以見其體, 動可以見其用, 不妨)고 보았다. 물론 체용이란 틀이 그의 사상의 핵심 개념인 양지(良知)와 같은 개념을 파악하는 틀로서도 사용하고 있었던 것은 분명하다. 그는 「체는 양지의 체요, 용은 양지의 용이니, 어찌 양지가 체용의 바깥에서 초연한 것이라고 할 수 있겠는가?」(『傳習錄』中: 體卽良知之體, 用卽良知之用, 寧復有超然於體用之外)라고 하여, 양지가 체용이란 틀을 벗어날 수 없음을 분명히 말하고 있다. 이것만 보는 한에서 왕양명은 체용론을 써서 양지를 설명하는데 목적이 있지 체용론 그 자체를 규명하는데 목적이 있는 것은 아니다. 그리고 체용은 둘이 아니라 하나라는 점, 다시 말하면 하나의 양지가 체와 용 두 면을 지니고 있을 뿐이라는 것 이상을 말하고 있지 않다. 이렇게 본다면 왕양명의 경우 체용론이 양지의 양면을 분석·분리해내기 보다는 통합·융합하는 쪽에서 사용된다고 보는 편이 나을 것이다. 이 경우 체는 체, 용은 용이라는 식의 확실한 칸막이, 분별선을 치고 있는 주자학의 견지에서 이해를 한다면, 예컨대 「체(體)=이(理)=성(性)」ⓐ과 「용(用)=기(氣)=정(情)」ⓑ의 왕복순환 가능성을 느낄 수 있다. 다시 말하면 ⓐ=ⓑ, ⓑ=ⓐ라는 도식이 가능하게 되고, 그것이 현실에서 그대로 실현될 경우 이성과 감정·욕망이 혼동되는 이른바 윤리적 위험성을 내포한다고 간주할 수도 있다.

| 良知 | | |
|:---:|:---:|:---:|
| 體 | ⇄ | 用 |

체용의 왕복순환 가능성 내재(체는 용, 용은 체라는 논리 성립)

그런데, 왕양명 생존시기에 이미 양지를 체용론적으로 이해하던 사람들도 있었던 것 같다. 흔히 양명학 좌파 혹은 현성론자로 불리는 왕용계(王龍谿. 이름은 기畿. 1498~1583)는 양지의 주재(主宰)를 체(體)로, 양지의 유행(流行)을 용(用)으로 보는 이른바 양지 체용론의 주장이 있음을 소개하고, 「주재가 곧 유행의 체이고, 유행이 곧 주재의 용이다. 체용은 일원이므로 나누게 되면 흩어진다」고 하여 체용 일원이라는 입장에서 이를 비판하였다(『王龍谿全集』, 「撫州擬峴臺會語」: 學有主

| 良知 ||
|---|---|
| 體 | 用 |
| 왕복순환불가(체는 체, 용은 용) ||

　이렇게 논의된 하곡의 양지체용론은, 중국 양명학이 지닌 문제점 - 예를 들면, 본체[心性]를 공담(空談)한다고 비판받는 양지현성론자(良知現成論者)들의 경전(經典) 경시 풍조와 본체(양지)를 완전한 것으로 용인하여 자기의 사사로운 욕망까지도 절대화하는 임정종욕(任情縱欲: 정욕에 맡겨 욕망을 제멋대로 발산하는) 경향 등 - 을 들어 양명학을 공격하던 당시 주자학자들의 비판을 이론적으로 극복하려는 노력의 산물이었다. 다시 말하면 양지는 본체나 천리가 아니고 지각이라는 주자학자들의 비판에 맞서, 양지는 하나이지만 논리적으로 나누어서 말한다면 체[智]와 용[知覺]이 합일되어 있다고 상세히 논함으로써 그에 대한 반론을 마련하고자 하였던 것이다. 그 결과로 그는 양지란 체용이 합일된 것이라는 견해를 적극적으로 주장하게 되었

---

宰, 有流行, 主宰所以立性, 流行所以立命, 而良知分體用. 主宰卽流行之體, 流行卽主宰之用, 體用一原, 不可得而分, 分則離). 여기서 중국의 양명학파 내부에서 체용론이 대두되기는 하였으나, 분석의 기능이 아니라 통합의 기능 쪽으로 기울고, 또한 체용일원이라는 명제가 심과 양지를 이해하는데 이미 자명한 것으로 받아들여지고 있었던 것을 알 수 있다. 따라서 체용에 대한 논리적 분석이나 반성, 의식적인 논리구성은 그들의 사유체계 속에서 충분히 이뤄지지 않았다고 볼 수 있다. 양명이, 「대저 양지는 하나이나, 묘용(妙用)으로써 말하면 신(神)이고 유행(流行)으로써 말하면 기(氣)이며 응취(凝聚)로써 말하면 정(精)이다」(『傳習錄』中, 「答陸原靜書」: 夫良知一也, 以其妙用而言, 謂之神, 以其流行而言, 謂之氣, 以其凝聚而言, 謂之精) 라고 하여 양지를 다양한 측면에서 파악하는 것과 마찬가지이다. 체용이라 하는 것도 결국은 하나인 양지를 개념적으로 편의상 분석하고 구분한 것 이상의 의미를 갖지 않았던 것으로 보인다. 다시 말해서 체용의 논리가 의식적, 반성적으로 제기되고 또 체계화되지는 않고 있다는 점이다.

다. 이 점은 양지의 이해에서 체용론을 도입함으로써 통합 기능 강조
의 효과를 가져왔으며, 동시에 이것은 양지가 「체와 용의 양면으로 구
분된다」는 이른바 분석적 기능 그 자체도 부각시키는 결과를 가져 왔
다. 따라서 정하곡의 이러한 점들은 양명학 전개사에서 실로 주목을
받기에 충분한 것이다. 정하곡 양명학이 다른 지역의 양명학과 구별
되는 특징, 다시 말해 한국적 양명학의 지평을 여는 중요한 계기가 바
로 이렇게 마련되었다.

　하곡의 양지체용론은 양명학이 조선이라는 시공간에서 변용된 것
을 보여주며, 따라서 동아시아의 양명학 전개에서 볼 때 아래와 같은
큰 의미를 갖는다.

　첫째, 하곡은 중국과 일본에서 볼 수 없는 양지체용론을 체계적으로
수립하였다. 양명이 주자학의 이원론적 사색에 반대하여 일체론적(一
體論的) 사색에 철저했다면, 하곡은 왕양명의 그 관점을 체용론에 의
해 재해석(재검토)함으로써 체용(體用)이라는 개념적 틀이 갖는 '통
합적 기능'과 동시에 그 '분석적 기능'을 선명히 부각시킬 수 있었다고
하겠다. 특히 하곡은 하나의 양지가 지닌 두 측면, 즉 본질적인 면, 현
상적인 면을 이해하는데 있어, 그것의 '상호 계기적인 면[因果關係]',
'상호 내포적인 면[感應關係]'을 불[火] 등의 비유를 통해서 설명하
고 있다. 이렇게 해서 결과적으로 하곡에게서 체용이라는 논리는 인간
의 심성(양지)은 물론 만물을 형이하와 형이상 혹은 동(動)과 정(靜)
의 관계를 두 측면에서 균형 있게 파악하는 하나의 방법론이 된다. 다
만, 여기서 간과해선 안 될 것은, 양명의 체용론[28]이 '상호 순환적'이었

---

28) 양명의 체용론에 대한 논의는 島田虔次, 『주자학과 양명학』, 김석근 · 이근우 옮

던데 비한다면, 정하곡의 체용론은 그 분석적 기능의 개입에 의해 '체용의 상호순환성은 배제'되고 체는 체, 용은 용이어서 그 틀이 뒤섞이거나 뒤바뀌지 않고서 인과와 감응 관계가 이야기된다는 점이다. 그래서, 그의 성권 정권의 설명에서 보듯이, 성=체와 정=용이 선명히 자리를 잡게 된다. 여기서 하곡은 인간의 내면을 합리적으로 이해·해석하여, 감정(욕망)과 외부 사물로 인해 흔들림 없는 인간의 자율성·주체

김, (서울: 까치, 1986)을 참조 바람.(특히, 제1장의 6~15쪽 참조). 이외에 필자가 입수하여 주로 참조한 체용론에 관련된 종래의 연구로는 다음과 같은 것이 있다.

- 임안오, 「熊十力 體用哲學의 이해」, 동양철학연구회 편저, 『동양의 자연과 종교의 이해』, (대구: 형설출판사, 1992)
- 김주창, 「王弼 『周易』에 나타난 體用이론의 철학적 배경」, 동양철학연구회 편저, 『동양의 자연과 종교의 이해』, (대구: 형설출판사, 1992)
- 최재목, 「정제두 양명학의 동아시아적 위치」, 『동아시아의 양명학』, (서울: 예문서원, 1996)
- 楠本正繼, 「全體大用の思想」, 『日本中國學會報』, (東京: 日本中國學會, 昭和27).
- 楠本正繼, 『宋明時代の儒學思想研究』, (東京: 廣池學園出版部, 昭和37).
- 島田虔次, 「體用の歷史に寄せて」, 『塚本博士頌壽記念佛教史學論集』, (塚本博士頌壽記念論文集刊行委員會, 1961).
- 平井俊榮, 「中國佛教と體用思想」, 『理想』549, (東京: 理想社, 1979)
- 河野訓, 「初期中國佛教に取り入れた本末について」, 『東方學』80, (東京: 東方學會, ?)
- 池田秀三, 「體と用」, 『中國宗教思想』2, (東京: 岩波書店, 1990).
- 吉川忠夫, 「本と末」, 『中國宗教思想』2, (東京: 岩波書店, 1990).
- 石川泰成, 「陽明思想における體用論」, 『陽明學』第三號, (東京: 二松學舍大學陽明學研究所, 1991)
- 熊十力, 『體用論』, (學生書局, 中華民國69)
- 張立文, 『中國哲學範疇發展史(天道篇)』, (北京: 中國人民大學出版社, 1988) (제7장)
- 張立文, 『中國哲學羅輯結構論』, (北京: 中國社會科學出版社, 1989) (제5장)
- 蒙培元, 『理學範疇系統』, (北京: 人民出版社, 1989)
- 薛化元, 『晩清「中體西用」思想論(1861-1900)』, (北京: 弘文館出版社, ?)

성 확보가 양명학의 체용론에 있음을 명확히 하고자 하였다.

## 2) 치양지(致良知)의 '치(致)'를 '지(至)'로 해석한 의의 : 일본의 나카에 토쥬(中江藤樹)와 비교를 통해서

하곡의 양명학을 거론할 경우 간과할 수 없는 것이 치양지(致良知)의 '치(致)' 해석이다. 즉 하곡의 '치' 해석은 일본 양명학의 개조인 나카에 토쥬(中江藤樹. 1608~1648)의 해석과 일치를 보여주고 있다. 즉 두 사람 모두 치양지의 치(致)를 「이르다[至]」로 읽고(해석하고) 있다.

다만 하곡의 경우 정확히 말하면 양지의 체(마음의 본체)에 이르는 것인데 반해 토오쥬는 양지를 아무런 조건이나 매개 없이 그대로 마음의 본체로 파악하고 있다. 아래에서는 상세한 논의를 피하고 간략히 언급하는데 그친다.[29)]

### (1) 하곡의 치지 이해

우선 하곡의 『대학』 「치지(致知)」에 대한 주석을 통해 그의 해석적

---

29) 자세한 것은 다음을 참조 바람.
- 최재목, 「동아시아에 있어서 양명학 전개의 한 양상- 鄭霞谷과 中江藤樹의 〈致良知〉해석을 중심으로-」, 『철학논총』제9집, (영남철학회 1993)
- _____, 「양명학의 한국적 변용 : 하곡(霞谷) 양명학 사상의 동아시아적 위치」, 『철학논총』제10집, (영남철학회, 1994)
- _____, 「하곡 양명학의 특질에 대한 비교론적 조명」, 『유학연구』제3집, (충남대학교부설유학연구소, 1995)

특징을 살펴보자.

- 致는 至이다. 知는 心의 본체이다. 至善이 發한 것이다.(致, 至也, 知者, 心之本體, 卽至善之發也)[30]
- 致는 至之이다. 心의 본체의 知에 이르는 것이다. …본체의 知는 至善이며 不善함이 있지 않다.(致者, 至之也, 致其心本體之知, … 本體之知, 則至善焉, 無有不善)[31]
- 致는 至이다. 至之는 그 극진함을 다하는 것이다.…知는 心의 본체이다. 이것은 良知의 밝음이다.(致, 至也, 至之, 極其盡也, …知者, 心之本體也, 是良知之昭明者也)[32]

즉 그는 「치(致)」를 「지(至)」로 「지(知)」를 「심지본체(心之本體)」로 파악한다. 여기서 하곡이 「지」를 바로 「양지」로 하지 않고 「심지본체」로 한 것은 아마도 양지를 양지의 체(性=理, 心之體)와 양지의 용(情=氣. 心之用)으로 나누어서 이해한 데에 기인한 것으로 보인다. 이렇게 보면 치양지는 단순히 양지에 이르는 것이 아닌 그 「마음의 본체의 지(양지의 체)에 이르는」 것임을 알 수 있다. 그래서 해석[注]에서 하곡은 본체의 지를 곧 '지선(至善)이 발한 것'이라고 하였던 것이다. 그런데 이러한 경우 만약 그가 「양지의 체에 이를」려고 하면 할수록 양지의 체 즉 성[理]이 부각되고 그것은 결국 기존의 그의 성학의 체계를 확인하는데 그치거나 혹은 거기에로 복귀하게 되어 사실상 치

---

30) 『하곡집』상, 399쪽.
31) 『하곡집』상, 411쪽.
32) 『하곡집』상, 426쪽.

양지론은 깊이 있고 독자적인 사상 영역을 확보할 수 없는 결과를 초래하게 될 것인데, 이것은 이미 지적한 대로 예상되었던 일이라고 하겠다. 결국 하곡은 그의 만년(辛亥年, 83세)[33]에

　　나는 양명학을 봄에 그 도가 간요하고 매우 정미(精)한 바가 있어서 마음 속 깊이 기뻐하고 이것을 즐겼다. 그런데 신해년(辛亥年) 6월, 동호(東湖)[34]에서 머물렀는데, 그 날 밤 꿈에서 마침 왕씨(王氏, 왕양명)의 치양지의 학은 매우 정미하지만 대저 그 폐단은 혹시 임정종욕(任情縱欲. 정에 맡기고 욕망을 마음대로 하는)의 걱정이 있다는 것을 생각하게 되었다.

는 것을 깨닫게 되었다 하고, 또 「임정종욕」의 「네 자는 참으로 왕학의 병」이라며 왕양명의 치양지학을 비판하기에 이른다.[35] 이 비판이 과연 왕양명을 겨냥한 것인지 혹은 그 후학들의 학문적 경향을 비판한 것인지 아니면 그 둘 다를 포함한 것인지 재검토해 보아야 할 점이지만,[36] 어쨌든 하곡의 경우 치양지론이 그의 성학의 체계를 부

---

33) 종래의 연구에서 辛亥年을 하곡의 만년인 83세(英祖 7년)로 보아왔으나, 23세 (顯宗 12년)로 보는 것도 가능하다. 아마 후자일 가능성도 높다. 일단 여기서는 편의상 종래의 방식에 따라 논의하였다. 이에 대해서는 후일 별도로 논의하겠다.

34) 東湖는 漢江의 일부이며, 현재 城東區 玉水洞과 江南區 鴨鷗亭洞을 잇는 東湖大橋에서 '東湖'란 말을 찾을 수 있다. 동호에는, 조선시대 世宗 8년부터 賜暇讀書制로 선발된 학자들이 기거하는 讀書堂에 있었다. 이에 대해서는 崔在穆, 「ソウルの近世都市文化 – 「賜暇讀書制」を通じてみた朝鮮時代知識人文化の一端」, 『アジア都市文化學の可能性』, (大阪: 淸文堂, 2003)을 참조 바람.

35) 『하곡집』 상, 315쪽 : 余觀陽明集, 其道有簡要而甚精者, 心深欣會而好之, 辛亥六月, 適往東湖宿焉, 夢中忽思得, 王氏致良知之學甚精, 抑其弊或有任情縱欲之患(此四字眞得王學之病).

36) 왜냐하면, 하곡의 비판에도 불구하고 이미 왕양명은 「任情縱欲」이 자신의 良知

각시키는 정도로만 기능했을 뿐 중국이나 일본의 양명학에 비해 현저
한 논리 전개를 보여주지 못하게 된다.

하곡의 치양지론의 내용을 부각시키기 위해 일본 양명학의 개조인
나카에 토쥬(中江藤樹)의 치양지론을 살펴보자.

### (2) 토쥬의 치지(致知) 이해

나카에 토쥬(中江藤樹)는 일찍이 황상제의 명(=天命)으로서의 성
(性) 즉 황상제가 인간 속에 존재하는 황상제의 분신인 명덕(明德)[37]
을 중심으로 해서 학문을 수립하고, 그 과정에서 양지 및 치양지를 도
입하며 이에 구조적인 정착을 보게 된다. 토오쥬는 양지 및 치양지를
도입하는 과정에서, 우선 왕양명 사상의 한 경향(본체중시의 경향)을
계승하는 왕용계의 본체즉공부론(本體卽工夫論)인 현성양지설(現成
良知說)을 수용하고(33세),[38] 그 후(37세)에 비로소 왕양명의 양지
(및 치양지)론을 본격적으로 수용하여,[39] 또한 양지를 명덕과 잘 결합

---

의 學과는 거리가 있음을 말하고 있기 때문이다(「전습록」중, 「答顧東橋書」). 그리
고 錢德洪(緖山)도, 배우는 자가 본체를 보게 되면 즐겨 곧 頓悟의 설을 행하고 또
는 자신을 되돌아 보고 자기를 억제하는 노력이 없으며 본체를 한 번 보고는 성인
마저도 뛰어 넘어서 발돋움하여야할 것이라고 말하고 스승(왕양명) 문하의, 뜻을
참되게 하고 사물을 바로잡고 선을 행하고 악을 떨쳐낸다는 본뜻을 모두 업신여
기며 부수적인 것으로 간주하고 행위를 간략하게 하며 언행을 돌봄이 없고, 심한
자는 禮敎를 蕩減하고 스스로 聖門의 진수를 얻었다고 한다면서 왕양명의 本意와
는 달리 그 문하에 「任情縱欲」적 경향이 있음을 지적하고 있다(『양명집』하, 「大學
問 跋」 참조).

37) 『藤樹集』1, 682쪽 : 明德者上帝之在人者.

38) 「연보」 33세조에 「冬王龍溪語錄ヲ得タリ. 始コレヲ讀トキ, 其觸發ウルコトノ多
キコトヲ悅ブ」(『藤樹集』5, 23쪽)라고 있다.

39) 「연보」 37세조에 「是年始テ陽明全集ヲ求得タリ. 讀デ甚ダ觸發印證スルコトノ多

시키고,[40] 대표적인 예로 『대학해(大學解)』에서 「치지재격물(致知在格物)」의 훈고로서,

致는 至이다. 知는 良知이다.(致ハ至也. 知ハ良知ナリ)[41]

라고 하는 바와 같이, 치지의 치(致)를 「지(至)」로 지를 「양지」로 하여 「치양지」를 「양지에 이른다[致(=いた)ル]라는 훈독(=해석)을 통해서 그의 사상을 단적으로 표현하고 있다.[42]

---

キコトヲ悅ブ」(위의 책, 26쪽)라고 있다. 그런데 「연보」33세조에 보면 「今歲性理會通ヲ讀ミ…」라고 있는데, 『성리회통』은 明代 鐘人傑 편저로 왕양명을 비롯하여 왕용계 등 양명학 관계 인물들의 글이 실려 있다. 토오쥬는 이것을 읽음으로써 부분적·단편적으로 왕용계, 왕양명의 사상에 접했던 것으로 보인다.

40) 만약 하곡의 경우라면, 양지에도 '良知之體'와 '良知之用'이 있기 때문에 양지를 곧바로 명덕과 연결시키지 않았을 것이다. 그런데 토오쥬는, 예를 들면 그의 33-34세경에 쓰여진 『翁問答』의 「下卷之本」(『藤樹集』3, 164쪽)에서 이미 「人欲のまよひふかき故に明德の良知くらければ」라고하여 양지를 명덕에 붙여서 쓰고 있음을 볼 수 있다.

41) 『藤樹集』2, 31쪽.

42) 종래 토류가 치양지를 「양지에 이른다[至]」고 훈독하는데 대하여 많은 논의가 있었다. 예를 들면, 왕수인과 토류 사이에 致의 훈독 방법에는 차이가 있지만 사상 내용상의 차이는 없다는 설로서 일찍이 『藤樹集』의 편자 가운데 한사람인 加藤盛一이 있고 그 후 田中佩刀, 山下龍二등이 있다. 이에 대해 토류가 치양지를 '양지에 이른다(=良知ニイタル)'라고 훈독한 것은 그가 왕수인의 사상을 오해하고 있었다는 설이 있었는데, 尾藤正英의 주장이 바로 그것이다. 그의 설은 상당히 충격적이었기에 앞의 田中, 山下 두 사람의 설이 나타났다. 특히 田中은 「中江藤樹の『致良知』について」[『明治大學教養論集』通卷118號, 日本文學(1978·3·1)라는 논문에서 『藤樹集』에 있는 '致'에 대한 용례를 전부 조사하여 그것이 '다한다(イタス)', '극하다(キワム)', '이르다(イタル)'의 세 가지로 분류할 수 있다는 것을 지적하여, '이르다(イタル)'라는 훈독은 토류가 의식적으로 하였다고 보았다 [源了圓, 『近世初期實學思想の研究』, (東京: 創文社, 1980), 411쪽 참조]. 그러나 하곡도 치양지의 '致'를 '至(이르다)'라고 읽고 있는 것을 고려해 볼 때 위의 논의는 종래 일본의 양명학 연구가 주로 중국과의 관련 속에서 연구되어 온 결과, 비

그런데, 양명학의 수용이라는 점에서 볼 때 한 가지 주목할 필요가 있는 것은 토류가 왕양명 사상의 한 경향을 계승하는 왕용계의 사상을 수용, 연구하고 이후 그것을 기반으로 해서, 그(왕용계) 사상의 원류인 왕양명의 사상을 수용하게 되었다는 점이다. 이와 같이 왕용계 사상의 선행적 수용은 왕양명의 사상을 전면적이 아니고 왕용계의 현성양지설과 연속되는 치양지설만을 선택적으로 수용하는데 기능했으며, 바로 이 점은 양명학의 일본적 수용 · 전개라는 측면에서 상당히 중요한 점이라고 생각된다.

그럼 이제 여기서 본래의 논지로 돌아와서 토류가 왜 치양지를 「양지(良知)에 이르다」라고 훈독하였는가(해석하였는가)? 그는, 원래 인간이라는 것은 악에로의 편향성이 강하기 때문에 스스로 갖춘 능력(자력)만으로서는 불충분하다고 본다. 다시 말하면 인간은 인격신인 천(天), 즉 군부(君父) 보다는 한층 「엄격(嚴)」한 황상제(皇上帝)와 같은 구체적, 절대적인 대상을 설정하지 않고는 스스로를 제어해 갈 수 없다고 보았다.

토쥬는 왕양명의 학문에 접했을 때(37세)

지금까지 깊이 주자학을 믿고 격법(格法)을 고수했지만 덕을 몸에 지니는 효과에 대해서 불안하게 생각하고 학문에도 의문이 생기며 도가 열리지 않는 것을 개탄하고 있던 때, 천도의 은혜로『양명전서(陽明全書)』를 입수하여 숙독했을 때 내가 의문시하고 있던 점을 밝힐 수가 있었고 나의 개탄도 해소되고 입덕(入德)의 수단(杷柄)을 손에 넣었다

---

교론적 시각이 결여된 탓으로 생겨난 것이라 할 수 있다.

고 생각되며, 이것은 일생의 커다란 행운이요 말로 표현 못할 정도의 기쁨이었다. 이 일조(一助)가 없었더라면 자신의 일생을 헛되이 보냈을 것이라고 생각했다. 백 년 이전에 왕양명이 치지의 지를 양지로 해석하였다. 이 새로운 해석에 의해 나는 자신의 생각을 개오(開悟)할 수 있었다.[43)

고 하였다. 우선 여기서 「입덕(入德)의 수단(杷柄)」은-그가 「치지의 지를 양지로」한 「새로운 해석에 의해 나는 자신의 생각을 개오할 수 있었다」고 하는 것으로 미루어 볼 때-구체적으로 치양지를 가르키고 있다는 것을 알 수 있을 것이다. 그가 양명학에 접했을 때, 「일생의 커다란 행운이요 말로 표현 못할 정도의 기쁨이었다.」·「이 일조가 없었더라면 자신의 일생을 헛되이 보냈을 것」이라는 등의 표현은 양명학에 대한 그의 열의를 나타내주기에 충분하다. 여기서 우리는 「나는 양명학을 봄에 그 도가 간요하고 매우 정미한 바가 있어서 마음 속 깊이 기뻐하고 이것을 즐겼」으나 마침내 「왕씨의 치양지의 학은 매우 정미하지만 대저 그 폐단은 임종정욕(任情縱欲)의 걱정이 있다」고 하고 또 「임정종욕」의 「네 자는 참으로 왕학의 병」이라며 치양지설을 비판한 하곡과는 좀 대조적인 면을 발견할 수가 있을 것이다.

---

43) 『藤樹集』2, 440-41쪽 : 道學の御志今ほど如何. 定日日にあつく可罷成と奉察候. 私事ふかく朱學を信じ年久, 工を用, 申候へども入德の效おぼつかなく御座候て 學術に疑出來, 慎ひらけ難き, おりふし, 天道のめぐみにや陽明全集と申書わたり 買取熟讀仕候へば, 拙子疑の如く發明ども御座候て慎ひらけちと入德の杷柄手に 入樣に覺, 一生の大幸言語道斷に候. 此一助無御座候はば此生をむなしく可仕に と有難奉存候. 面上に委御物語仕度とのみ存暮候. 百年已前に王陽明と申先覺出 世朱學の非を指点し孔門嫡派の學術を發明めされ候. 大學古本を信じ, 致知の知 を良知と解しめされ候. 此發明によつて開悟の樣に覺へ申候.

## 4. 자연학의 개척

우리는 흔히 '양명학자'라고 하면 마음의 문제 즉 「심성론(心性論)」에 치우쳐 있다고 생각하기 쉽다. 하지만 양명학자들에게서도 자연학은 사유의 저면 혹은 표면에서 그들의 사상체계를 지탱해주고 있었다. 어떤 형태로든 「세상은 어떻게 존재하는가?」라는 '세계'나 '자연'에 대한 물음 없이 「인간이 어떻게 살 것인가?」라는 이른바 '인간'에 대한 탐구는 어렵기 때문이다.

물론 학문의 중점이 '마음'이라는 것에 놓여있다는 사실이 관심의 무게중심을 이동시켜 자연학 쪽에 대한 집중을 약화시키는데 적지 않은 영향을 끼칠 수는 있을 것이다. 그러나 그것이 자연학에 무관했다는 것을 논증해내는 충분조건은 되지 못한다. 차라리 심학적 자연학의 특질이 어떤 것이었나 하고 물음을 제기하는 편이 옳을 것이다. 예컨대 왕양명 사상의 핵심 중의 하나인 「만물일체설」같은 것은 심학적 자연학의 표본이라 할만하며, 이후 많은 양명학자들에게 전승되는 것이다.

한국 양명학의 대성자로 알려져 있고, 한국에서 왕양명의 심성론을 계승하여 '조선'이란 지역에서 새롭게 개척한 인물인 하곡의 경우에는 어떠했을까. 결론적으로 그는 자연학에도 관심이 깊었다. 하지만 종래의 연구에서 개설적인 것을 제외한다면 이 부분에 대한 본격적인 시도는 없었다고 해도 좋을 것 같다. 어쩌면 하곡의 자연학에 대한 탐구는 하곡학에서 숨겨진 또 하나의 지평을 여는, 그런 의미에서 「또하나의 하곡학」의 개척이라 부를만하다.

일반적인 정의를 보면 '자연학(自然學. physica)'을 「근대적인 정밀과학으로 발전하기 이전의 사변적(思辨的) 경향이 강한, 자연에 관한 학문」[44]이라고 기술하고 있다. 「자연학」은 서양의 고대 그리스철학에서 자연(physis)을 연구하는 철학의 한 부문이다. 그래서 자연학을 자연철학이라고도 한다. 고대 그리스철학은 처음에는 만물의 자연(생성과정)을 탐구하는 데에서 시작되었다. 이것은 온갖 종류의 사물의 자연연구로서 발전하였다. 그것은 다만 우주의 원소(당시는 흙 · 물 · 공기 · 불의 네 가지가 원소)에 대해서만이 아니라, 천문학 · 기상학 · 생물학 · 의학 등 많은 영역에 걸친 것이었다.

이런 의미의 자연학이라면, 전통시대의 동아시아 신유학자들에게서도 이미 존재해왔으며, 그것이 직 · 간접적으로 심성학을 완성하는 데 주요 이론적 기초가 되고 있음을 부인할 수 없다. 예컨대 동아시아 사상사의 주류를 이루었던 유학의 경우, 그것이 지향하는 성기(成己) · 수기(修己)와 성물(成物) · 치인(治人)의 합일적 구조 속에는 근본적으로 '사변적(思辨的) 경향이 강한, 자연에 관한 학문'이 내재해 있기 마련이다. 특히 중국인들이 구상적(具象的) 혹은 즉물적(卽物的) 사유방식을 갖고 있었다고 하는 지적[45]에서도 알 수 있듯이, 인간의 눈앞에 펼쳐진 사(事)와 물(物)의 정(情)[=정황 · 실정] 속에서 인간사를 성찰해왔던 것으로 볼 수 있다. 다시 말하면 사정(事情), 물정(物情)과 긴밀한 관련 속에 인정(人情)에 대한 물음이 있었다는 말이다. 이 점에서 유학자들의 자연학은 다름 아닌 '자기가 존재하고 있

---

44) 한국교육문화사 편, 『원색세계대백과사전』권25, (서울: 한국교육문화사, 1994), 31쪽.
45) 이에 대해서는 中村元, 『중국인의 사유방법』, (서울: 까치, 1990)을 참조.

는 환경을 인식하는 체계'(=「자기환경인식체계」[46])이므로 자연관 혹은 세계관이라 불러도 무방할 것 같다. 이러한 「자기환경인식체계」는 대부분의 유학자들에게 어떤 형태로든 존재했던 것이며, 한국 양명학의 대성자로 불리는 하곡에게서도 예외가 아니었다.

그럼, 하곡에게서 자연학이라 부를만한 것이 있는가? 있다면 어떤 형태로 표출되고 있는가? 하곡집의 현존본 중에서 가장 내용이 풍부한 22권 22책본(이른바 A본)[47]을 영인한 여강출판사의 『하곡전집(霞谷全集)』권21[48]에 제시된 하곡의 자연학에 관련된 부분은 「선원경학통고(璇元經學通攷)」, 「기삼백설(朞三百說)」[49], 「천지방위리도설(天地方位里度說)」, 「칠요우행설(七曜右行說)」[50], 「조석설(潮汐說)」이다.[51] 그리고 「선원경학통고」에는 「천원고험편(天元故驗篇)」, 「곤후

---

46) 이 말은 도올 김용옥이 『朱子의 自然學』에 대한 해설로서 쓴 「과학과 인식」속의 말이다.[야마다 케이지, 『朱子의 自然學』, 김석근 옮김, (서울: 통나무, 1991), 13쪽].

47) 일본의 궁내청(宮內廳)에 있던 것을 1966년 문화재반환 때 되찾아와 현재 국립중앙박물관에 소장하고 있음.

48) 정제두, 『霞谷全集』・하(下), (서울: 여강출판사, 1988), 243~334쪽.

49) 원래 『書經』「虞書, 堯典」에 「朞三百有六旬有六日, 以閏月, 定四時成歲」라고 한 바의 朞三百에 대한 하곡의 풀이다. 朞三百은 『書經』「虞書, 堯典」의 것을 하곡이 인용하여 편명으로 하였다. 朞三百의 朞는 春夏秋冬의 四時를 말한 것으로서 1년 동안의 月行의 數를 의미한 것이다. 三百은 1년의 日數로서 한해동안의 常數를 말한 것이다. 朞는 一歲 즉 12월이고, 1월은 30일이니 正 365일이며, 小月 6일을 제한 것을 합하여 윤월을 두는 것은 1歲의 曆象을 말한 것이다. 이는 舜이 義和氏에게 준 말이며, 天行, 日月, 四時의 節候를 세워서 百官을 다스리고 庶事의 功을 넓히라고 한 것이었다. 하곡은 서경 기삼백의 주를 부연하여, 日月運行度數를 도표화하면서 구체적으로 설명하였다.

50) 『隋書』등을 토대로, 日月과 五星(火・水・木・金・土) 즉 七曜가 右行함을 고증한 것.

51) 이 편들은 국립중앙도서관 10책본(C본) 중에서 뽑아 보충한 것임. 기타 A, B, C, D본에 대한 설명은 『霞谷全集』・上, 1~2쪽을 참조 바람.

구성편(坤厚久成篇)」,「충신도기편(忠信道器篇)」,「설괘칙상편(說卦則象篇)」이 들어있다. 이들에 대해서는 윤남한의『국역 하곡집』[52]과『조선시대의 양명학 연구』[53]에서 이미 개략적인 소개가 이뤄진 바 있다. 그리고「선원경학통고」는 심우준에 의해 한글로 완역되어 그 내용을 쉽게 알 수 있게 되었다.[54]

어쨌든,「실계(實計)로써 허도(虛度)를 고치고 명험(明驗)으로써 현론(縣論)을 배척한 심사」[55]가 담긴 하곡의 자연학은 그의 양명학 연구에서 간과되어선 안 될 것이다.

## 5. 남은 과제 혹은 하곡 연구의 전망

이상에서 본인이 살펴본 것 외에도 하곡의 양명학을 연구할 경우 주의해보아야 할 것들이 매우 많다. 아래에서는 이에 대해 약간 언급하는 것으로 마무리에 대신하고자 한다.

첫째, 하곡의 양명학은, 유명종이「하곡의 양지학(良知學)은 양명 우파(陽明右派)와 공통점이 있다」[56]고 지적하였듯이, 좌파적 성향보다는 우파적인 것, 혹은 주자학과의 연계 가능성[57] 혹은 주왕절충적

---

52) 윤남한,『국역 하곡집』·Ⅱ, (서울: 민족문화문고간행회, 1986(중판)).
53) 윤남한,『조선시대의 양명학 연구』, (서울: 집문당, 1982).
54) 심우준,「『선원경학통고』해설」,『세계의 대사상』·33, (서울: 휘문출판사. 1974), 419쪽.
55) 심우준,「『선원경학통고』해설」,『세계의 대사상』·33, 419쪽.
56) 유명종,『韓國의 陽明學』, (서울: 동화출판공사, 1983), 121쪽.
57) 이에 대해서는 최재목,『동아시아의 양명학』, (서울: 예문서원, 1996), 140~142쪽 참조할 것.

(朱王折衷的) 가능성이 논의될 여지가 많다. 그러나 이 문제는 하곡의 양명학을 계승하는 강화 양명학파와 연관지어 보다 세밀하게, 더욱이 선행연구로 인한 선입견 없이 다시 논의해보는 노력이 필요하다.

둘째, 그의 양명학 및 성리학적 개념들 예컨대 성의론(誠意論), 이기론(理氣論), 생리설(生理說), 만물일체론(萬物一體論) 등에 대해서도 체계적으로 연구할 필요가 있다.

셋째, 그의 많은 경학적 저술에 대한 검토를 통해, 그의 경학의 범위와 입장 그리고 그 해석적 특징과 의의가 밝혀져야 할 것이다.

넷째, 「선원경학통고(璇元經學通攷)」, 「기삼백설(朞三百說)」, 「천지방위리도설(天地方位里度說)」, 「칠요우행설(七曜右行說)」, 「조석설(潮汐說)」 등 자연학에 대한 내용들이 보다 깊이 있게 연구되어야 할 것이다.

다섯째, 그의 주요 저작 「존언(存言)」 등에 보여지는 한의학적(韓醫學的) 개념들을 철학사상과 관련지어 연구하는 것도 중요하다.

여섯째, 저작의 완역 작업이 필요하다. 이미 번역된 것이 있으나 이를 참고로 그것을 다시 번역할 필요도 있다. 그리고 번역되지 않은 부분에 대해서도 학회 차원에서 계획을 세워 추진해 갈 필요가 있다.

일곱째, 위와 같은 연구 결과를 토대로 동아시아 양명학사 내지 사상사에서 갖는 위상을 객관적으로 연구해 볼 필요가 있다. 그러기 위해서는 '비교' 내지 '대조'의 시각이 필요하다.

여덟째, 마지막으로 언급해두어야 할 것은 「하곡학(霞谷學)」에 대한 개념 정리 부분이다.

사실 '하곡학'이라고 하면 하곡 정제두가 만년에 강화도 하곡에 거주하면서까지 그의 생애를 통해서 이룩한 학문 전체를 말한다. 그렇다면 하곡학은 하곡의 양명학만을 의미하지는 않는다. 하곡을 무조건 양명학의 범주에만 넣기보다는 ① 주자학과 양명학을 절충하고 있는가, 아니면 ② 양자를 극복하고 있는가. 아니면 ③ 양명학 쪽에 무게를 두고 자신의 사상을 전개하고 있는가 등등을 고려하여 논의해갈 필요가 있을 것이다.

# V. 하곡의 '치양지설의 폐' 비판 재검토

## 1. 문제의 소재

이 글은 하곡의 사상 전개상에 보이는 '치양지설(致良知說)의 폐(弊)' 비판 시기를 재검토해 보려는 것이다.

2004년 10월 15일~16일 양일간 강화도의 안양대학교(강화캠퍼스)에서 「강화양명학파의 위상과 현대적 의미」라는 주제로 열린 『강화양명학파 국제학술대회』에서 중순부 교수(일본 京都府立大學文學部)는 그의 발표문 「初期江華學派における陽明學受容 · 霞谷 · 恒齋 · 樗村一」(239~241쪽)에서, 아래와 같이 종래의 '致良知說의 弊' 비판 시기에 의문을 던지면서 나름대로의 견해를 제시하고 있다. 이것은 지금까지 국내에서 '본격적으로' 문제제기된 적이 없는 것이며, 더욱이 종래의 하곡학 연구 성과에 영향을 줄 수 있는 발언이라고 판단된다. 따라서 연구자의 한 사람으로서 이에 대한 객관적인 재검토의 필요성을 느끼게 되었다.

다음의 인용문은 中純夫씨의 일문 원고를 번역한 것이지만 내용상 중요하기에 각주까지 그대로 실어 두었다.[1]

鄭齊斗(1649~1736)의 字는 士仰, 本貫은 慶尙道의 迎日縣이다. 鄭齊斗의 生涯는, 그 거주지에 따라 3기로 구분할 수 있다. 즉 京居時代(1歲~41歲), 安山時代(41歲~61歲), 江華時代(61歲~88歲)이다.[2]

정제두의 양명학 수용 시기를 고찰함에 문제가 되는 것은 다음 자료이다.

余觀陽明集, 其道有簡要而甚精者, 心深欣會而好之. 辛亥六月, 適往東湖宿焉. 夢中忽思得王氏致良知之學甚精. 抑其弊或有任情縱欲之患(此四字眞得王學之病)[밑줄 부분은 인용자가 추가].
(『霞谷集』卷9「存言」下, 43條)[3]

辛亥年이란, 23세(顯宗 12年)또는 83세(英祖 7年)의 어느 쪽이다. 글 가운데 '東湖'는 漢城(서울)을 貫流하는 漢江의 일부를 이루는 땅이며, 현재도 지도상 한강을 끼고 城東區 玉水洞과 江南區 押鷗亭洞을 잇는 위치에 東湖大橋의 존재를 확인할 수 있다.[4] 年譜上에는 東湖 宿泊의 事績은 記載되어있지 않다(『霞谷集』卷10「霞谷先生年譜」). 『霞谷

---

1) 인용문 속의 각주는 식별을 위해서 [ ] 표를 해 두기로 한다.
2) [尹南漢, 『朝鮮時代의 陽明學 硏究』, (서울: 集文堂, 1982년), 206쪽.]
3) [民族文化推進會, 『霞谷集』(서울: 景仁文化社, 1995年)22卷(標点影印, 韓國文集叢刊第160冊 所收)를 저본으로 사용하였다.]
4) [東湖의 比定은 高麗大 沈慶昊교수의 敎示에 따른다.]

集』卷7에는 「東湖九秋夕登」이라 제목을 붙인 詩 한수를 싣고 있지만 상황 증거는 짚어낼 수 없다. 다만 「年譜」의 기록에 비추어볼 때 강화 시대의 정제두도 결코 강화도에 틀어박혀 있기만 한 것이 아니기 때문에 상황증거로 봐서도 위에서 말하는 辛亥는 23歲 · 83歲 어느 쪽이든 가능성이 있음을 부정할 수 없다.

만, 이 辛亥를 23세로 볼 것인가 83세로 볼 것인가에 따라 발언이 갖는 의미 · 의의는 크게 달라져 버린다.

23세로 볼 경우 주지하는 대로 鄭齊斗는, 30代前半에는 스스로 陽明學 信奉을 明確하게 表明하기 시작하고, 陽明學이 옳다고 하는 입장에서 知友와 論爭 書翰을 주고받고 있다.[5] 그러한 활동은 대개 安山時代의 末期에 이르기까지 계속된다. 따라서 83세의 정제두가 극히 새롭게 王氏 치량지의 학의 훌륭함을 생각하는 꿈을 꾸는 것은 조금 부자연스럽다. 그 때문에 83세說의 경우 술회의 중점은 말미의 한마디 즉 「抑其弊或有任情縱欲之患」에 놓여있다. 실제, 尹南漢氏는 辛亥를 英祖 7년 83세로 본 뒤 이것을 王學의 弊害를 비판한 말로 보고, 鄭齊斗 晩에 程朱學으로의 회귀 경향과 英祖 初政에서의 格別한 恩遇, 王室에의 接近을 관련시켜 지적하고 있다.[6] 다만 한편으로 ❶ 尹南漢氏는 「存言」上中下를 鄭齊斗 43세경의 찬술로 보고 있어, 이 점은 辛亥 83세설과는 모순을 불러오게 된다.[7]

---

5) [鄭齊斗가 書翰을 통해서 陽明學을 논하는 상대는 朴世采 · 尹拯 · 閔以升 · 崔錫鼎 등이다. 그들의 書翰 內容은 일찍부터 先學에 의해 상세한 소개가 이루어져 있다. 李能和, 「朝鮮儒界之陽明學派」, 『靑丘學叢』第25号(靑丘學會, 1936年), 高橋亨, 「朝鮮の陽明學派」,(『朝鮮學報』第4輯(朝鮮學會, 1953年). 또 前揭 拙稿, 「霞谷鄭齊斗論緒論─朝鮮儒林における陽明學受容─」(韓國文化硏究振興財團『靑丘學術論集』第16集, 2000年).]

6) [尹南漢, 前揭書, 292쪽.]

7) [尹南漢, 前揭書, 223, 243, 285쪽.]

❷ 23세로 볼 경우, 이 말은 鄭齊斗의 양명학 신봉의 시기를 보여주는 자료로서의 의미를 띠게 된다. 30세 전반 이후의 활동에 비추어 봐도 이 해석은 충분히 타당성을 가질 것이다.(덧붙여서 정제두가 別試殿試에 떨어져서 擧業을 버리는 것은 24세 때이다.) 문제가 있다고 한다면 역시 말미의 한마디이다. 다만 「任情縱欲」과 같은 부류의 말은 王學 비판의 상투적 표현이어서 그 자체로는 특별히 새로운 것이 아니다.[8] ❸ 양명학에 접한 당초부터 양명학의 폐해에 대한 이러한 지적을 아울러 듣는 것도 충분히 있을 수 있다. 따라서 폐해의 존재는 그것으로서 인식하면서도 陽明學으로의 경도를 심화시켜간 젊은 날을 술회한 말로서 읽는 것은 충분히 가능하다. 혹은 ❹ 꿈의 내용은 앞의 一句뿐으로「抑」이하는 뒷날(「存言」집필 당시)의 술회일 가능성도 있다.

❺ 내용상 검토에서도 두 가지 說 가운데 한쪽을 소거할만한 결정적인 要因은 짚어 낼 수 없었다. 이 이상의 무모한 추론은 삼가야할 것이다. 다만, ❻ 꿈에 의한 영감이라는 43條 전체의 모티브에 비추어보면, 83세 보다는 23세 쪽이 연령적으로 보다 어울린다. 또 內省的 批判 보다는 直感的 開悟 쪽이 내용적으로도 보다 어울리는 것이 아닐까 하는 心証을 버리지 못하고 있는 것을 감히 부언해 두고 싶다.[9][밑줄 및 번

---

8) [陽明學·心學에 관심을 보이는 宣祖에 대해 柳成龍(1542~1607)이 이것을 비판하는 내용의 문답이 『實錄』에 보이는데, 여기서 柳成龍은 心學의 폐해를 「猖狂自恣」로 잘라 말하고 있다. 「上曰, 陽明才高. 我國才質卑下之人, 不可學也. 其所謂常常顧心之說, 是也, 成龍曰, 其心則無準則之心. …古人云, 儒主理, 禪主心, 道主氣, 此說極好. 蓋主理, 故以爲事物有■然之理. 主心, 故以爲光明而終有猖狂自恣之弊. 上曰. 陽明之言曰致良知. 成龍曰, 此言僞矣.」(『宣祖實錄』宣祖 27年 7月. 癸巳).]

9) [뒤에 조금 언급하는 바와 같이, 『霞谷集』에 실린 門人 등에 의한 「祭文」에는 鄭齊斗가 陽明學을 신봉한 흔적을 은폐하여 오히려 그를 독실한 주자학자로 묘사하려는 경향이 엿보인다. 만일 鄭齊斗가 만년에 陽明學에 대한 비판을 강화하여 陽明學을 버리고 朱子學에 회귀하려는 사실이 있고 또한 그것이 주위의 門人 等이 널리 아는 바였다면 그 사실은 「祭文」에서 반드시 강조되어 喧傳될 것이 아니었겠는

호표시는 인용자]

위의 中純夫씨의 지적에서 다음과 같은 두 가지의 핵심 사항이 지적되었다.

첫째. 「존언」下에 나오는 하곡의 치양지의 폐해 비판 시기(辛亥 6월)를, 윤남한은 하곡의 83세(=辛亥)로 보고 있으나 이것은 윤남한 자신이 「存言」上中下를 하곡이 43세경 찬술하였다고 추정[10]하는 것과 모순되는 사항이다.(❶, ❻)

둘째, 비판 시기를 23세로 보는 것은 83세 '보다' 그리고 '충분히' 타당성이 있다.

다만, 양명학 수용과 비판은 양립 가능하며, 일부 비판적 인식을 견지하면서 양명학을 심화시켜 간 훗날(43세 경)에 「존언」下를 쓰면서 이 점을 술회한 것이다. '抑' 자 앞의 한 구절(=夢中忽思得王氏致良知之學甚精)은 꿈의 내용이고, 그 뒤의 구절(=其弊或有任情縱欲之患(此四字眞得王學之病)은 뒷날(=「存言」집필 당시)의 술회일 가능성도 있다. 그리고 이러한 꿈에 의한 영감 내용은 또 內省的 批判 보다는 直感的 開悟 쪽이 내용적으로도 보다 어울리는 것으로 보인다(❷, ❸, ❹, ❺).

그런데 위의 내용에서 보다 분명히 되어야 할 것은 다음의 네 가지라고 생각한다. 즉, 우선 ① 문제제기가 된 「存言」下 부분 원문의 해석

---

가.그러나 그와 같은 事實을 보여주는 記述은 「祭文」「行狀」 등에 전혀 보이지 않는다.]

10) [윤남한, 「국역 하곡집 해제」, 『국역 하곡집』II, 고전국역총서71, (서울: 민족문화문고간행회, 1986(중판)), 5쪽.]

문제이다. 中純夫씨의 해석(❹)과 윤남한의 해석 사이에는 미묘한 차이가 있다. ② 「存言」下의 집필 시기, ③ 東湖에 머문 시기와 배경, ④ 치양지학에 대한 靈感과 開悟 및 비판에 의한 '하곡 사상의 내적 체계변화'를 검증하는 것이다.

물론, 예컨대 종래 국내의 연구에서도 中純夫씨가 제기한 일부 내용에 대해서 단편적인 언급은 하고 있지만, 본격적인 연구 검토에는 이르지 않고 있다.[11] 이제 아래에서는, 이러한 내용들을 다시 한 번 짚어보는 방식으로, 中純夫씨가 제기한 문제의 타당성을 재검토해 보고자 한다.

## 2. 문제제기 부분의 번역상의 차이

### 1) 中純夫의 해석

中純夫는 '抑' 자 앞의 한 구절(=夢中忽思得王氏致良知之學甚精)은 꿈의 내용이고, 그 뒤의 구절(=其弊或有任情縱欲之患(此四字眞得王學之病)은 뒷날(=「存言」집필 당시)의 술회일 가능성도 있다고 말한다. 그는 이 때문에 「夢中忽思得王氏致良知之學甚精抑其弊或有任情縱欲之患」을 「夢中忽思得王氏致良知之學甚精. 抑其弊或有任情縱欲之患」의 두 부분으로 나누고 있다. 즉 '抑'을 기준으로 전후를 나누는 것이다. '~精'의 뒤에 中純夫씨가 마침표를 찍은 것도 이 때문이다. 앞

---

11) 이에 대해서는 뒤의 논의를 참고바람.

의 문장과 뒤의 문장을 내용상 시간적으로 분리하여 보는 관점 때문
이다.

## 2) 윤남한의 해석

그런데, 윤남한은

> 내가 양명집(陽明集)을 보건대, 그 도(道)에는 간요(簡要)하면서
> 도 몹시 정미로운 것이 있으므로 마음 속 깊이 기뻐하며 이를 좋아했
> 던 것인데, 신해(辛亥)년 6월에 마침 동호(東湖)에 가서 하룻밤을 유
> 숙(留宿)하다가 꿈속에서 갑자기 왕씨(王氏)의 치양지의 학(致良知之
> 學)이 몹시 정밀하지만 대체로 그 폐단은 혹 정(情)을 임의로 하고 욕
> (欲)을 멋대로 할 병폐가 있을 것을 생각하게 되었다. 이 네 글자는 참
> 으로 왕학(王學)의 병이다. [12] (밑줄은 인용자)

라고 해석하여 「夢中忽思得(꿈속에서 갑자기~을 생각하게 되었다)」
는 내용을 「王氏致良知之學甚精, 抑其弊或有任情縱欲之患(왕씨(王
氏)의 치양지의 학(致良知之學)이 몹시 정밀하지만 대체로 그 폐단은
혹 정(情)을 임의로 하고 욕(欲)을 멋대로 할 병폐가 있을 것)」 전체
로 보고 있다. 다시 말해서 내용상의 시간적 차이를 인정하지 않는다.
이후 이 해석은 다른 연구들에도 반영되어 있다. [13]

---

12) 윤남한, 「존언」하, 『국역 하곡집』II, 169쪽. 유명종도 이와 유사하게 읽고 있
　　다.(유명종, 『韓國의 陽明學』, (서울: 同和出版公社, 1983년), 121쪽)
13) 예컨대, 유명종, 『韓國의 陽明學』, (서울: 동화출판공사, 1983년), 121쪽, 김교빈,
　　『양명학자 정제두의 철학사상』, (서울: 한길사, 1995년), 27쪽, 최일범, 「조선 양

### 3) 두 해석의 차이

물론 이것은 양쪽으로 다 읽을 수가 있다. 그러나 中純夫는 꿈 속에서 생각한 것 즉 영감은 「王氏致良知之學甚精」에 국한된다. 抑 자 뒤의 내용은 그것에 대한 평가이며 더욱이 그것은 內省的 비판 보다는 直感的 開悟 쪽으로 고려하고 있다. 이에 대해 윤남한은 抑 자를 전후로 「王氏致良知之學甚精」과 「其弊或有任情縱欲之患」을 꿈속의 영감으로 동시적 연속적으로 파악하고, 더욱이 그것을 直感的 開悟 보다는 內省的 비판 쪽에서 파악하고 있다. 이것은 윤남한이 신해(辛亥)년 6월을 만년(83세)기로 보고 치양지의 학을 內省的으로 비판한 것으로 판단하였기 때문이다. 이렇게 윤남한의 연구에서는, 하곡의 왕양명 치양지학 비판은 곧 하곡 자신의 '학문의 완성'='완결태'를 의미하는 것이 된다. 이에 비해 中純夫는 신해(辛亥)년 6월을 청년(23세)기로 보고 치양지의 학을 直感的으로 開悟한 것으로 판단하였기 때문이다. 이렇게 中純夫의 연구에서는, 하곡의 왕양명 치양지학 비판은 하곡 자신의 '학문의 새로운 가능성'='미완태'를 의미하는 것이 된다.

이처럼 독법의 차이와 방식에 따라 하곡의 사상은 충분히 다르게 재구성, 재구축될 수밖에 없다. 만일 中純夫씨의 문제제기가 타당한 것이라면, 종래 국내의 하곡학 연구는 왕양명 치양지설에 비판 시기 등에 대한 '체계적 비판적 검토' 없이 오랜 시간 윤남한이 주장 한 견해를 맹목적 무비판적으로 수용한 것이 된다.

---

명학의 철학적 특질」, 『동아시아 유교문화의 새로운 지향』, (서울: 청어람미디어, 2004년), 181쪽에는 거의 유사한 해석이 실려있다.

## 3. 「存言」下의 집필 시기, 東湖에 머문 시기와 배경

### 1) 『하곡집』 편집 시기

「존언」의 집필 시기를 고증하기 전에 우선 『하곡집』(국립중앙도서관 소장 22책본의 정식 명칭은 『霞谷先生文集』. 이하 『하곡집』)의 편집 연대 등을 검토해보기로 한다.[14]

현재 전하는 『하곡집』은 하곡이 죽은 뒤 그의 문인과 후손들이 시기를 달리하면서 여러 차례 편집을 시도하였다. 그 때문에 편집 때마다 그 내용 및 卷數가 달라져 버렸다. 그것은 하곡 가족사의 불운, 당시의 사회적 사정 등으로 해서 생존 시나 사후 곧바로 온전한 형태로 출판되지 못하고 필사본으로 私藏되어 전해오다 다행히 근래에 公刊되어, 民族文化推進會의 고전국역사업의 하나로 한글 번역(『國譯 霞谷集』Ⅰ, Ⅱ)되기에 이르렀다.

지금까지 확인된 필사본은 ❶ 22책본(국립중앙도서관 소장), ❷ 11책본(서울대학교 도서관 소장), ❸ 10책본(국립중앙도서관 소장), ❹ 8책본(서울대학교 규장각도서관 소장)의 네 종류가 있다.

이 가운데 '❶ 22책본'은 현존 필사본 중 내용이 가장 풍부한 것이다. 이것은 일제 통치기에 일본인들이 일본에 가져갔던 것을 해방 후 문화재 반환 때 도로 찾아오게 된 것이다.

이 책의 제 1권 목록 뒤에 하곡의 玄孫 鄭文升(1788~1875)의 目錄

---

14) 이 부분은 윤남한, 「국역 하곡집 해제」, 『국역 하곡집』, 1~2쪽을 참조하여 정리하였다. 그리고 金成愛, 「『하곡집』 해제」(民族文化推進會 편, 『標點影印 韓國文集叢刊 解題 · 4』, (서울: 경인문화사, 2003년(재판), 273~282쪽)를 참조하였다.

에 대한 설명[跋]이 붙어 있는데 그 내용은 아래와 같다. 서문에 따르면 문인들이 『하곡집』을 편찬하려다가 말았으며, 孫壻 申大羽가 35권의 목록을 편성하였으나 책으로 전해오지 않았다는 등의 내용에서 『하곡집』이 얼마나 많이 산일되었는가를 알 수 있다.

　　위는 文康(=鄭齊斗의 시호) 선조의 文集拾遺 22권의 목록이다. 선조 몰후에 樗村 沈公(=하곡의 문인 沈錥)과 遁谷 李公(=하곡의 문인 李震炳)이 여러 문인들과 더불어 遺文을 수집하여 놓았으나 미처 出草하지 못하고, 兩公(=沈, 李 두분)이 연이어 세상을 떠났다. 그 뒤 宛丘 申公(=하곡의 孫壻 申大羽)이 다시 정리하여 35권의 목록을 만들었는데, 지금 남아 있는 것은 經說, 書, 疏 약간일 뿐이니, 당시 완성된 책[成書]이었는지 여부를 알 수 없다. 생각컨대 선조께서 돌아가신 뒤에 富平君(=하곡의 아들 鄭厚一. 부평부사를 지냈음)이 이어 세상을 떠나니 後嗣가 실낫 같았었고 문인으로서 이 일을 맡은 사람도 함부로 손을 대어 세상의 시끄러운 소리를 들으려 하지 아니하였기에 상자 속에 (草稿를) 숨긴 채로 어언 두 甲子(=120년)를 지내다보니 조각조각 떨어져나가 십중팔구는 없어지고 말았다. 나는 그것이 오래되면 될 수록 잃어버릴까 염려되어 찾아 모아서 몇 책을 엮었다. 그런데, 글의 계통을 찾을 길이 없고, 질정할 곳도 없으며, 年條도 초년과 말년의 것이 서로 섞여 있고, 문자도 缺文과 誤字가 많으니, 감히 이것을 완성된 책[成書]이라 할 수 없다. 孤陋한 몸으로 후손된 도리에, 죄를 져도 도망할 곳이 없으니 오직 대대로 보배로서 간직해두어 뒷사람을 기다릴 뿐이다. 어찌 감히 이 글을 한마디 말인들 함부로 보탤 수 있으랴?[15]

---

15) 右, 文康先祖文集拾遺二十二卷目錄也, 先祖歿後, 樗村沈公與遁谷李公諸門人, 收集遺文, 未及出草, 兩公繼沒, 其後宛丘申公更釐爲三十五卷目錄, 而今所存經說書

이 서문은 '어언 두 甲子(=120년)를 지내다보니'라는 말에서 추정
해보면, 하곡이 죽은 해(1736)로부터 120년이니, 1856년 즉 哲宗 7년
이 된다. 鄭文升은 正祖 12년 戊申(1788년)에 태어나 高宗 12년 乙亥
(1875년)에 죽었기에 이 설명[跋]은 정문승이 70세 경에 쓴 것을 확
인할 수 있다.[16]

그리고「나는 그것이 오래되면 될 수록 잃어버릴까 염려되어 찾아
모아서 몇 책을 엮었는데 글의 계통을 찾을 길이 없고 질정할 곳도 없
으며 年條도 초년과 말년의 것이 서로 섞여 있고, 문자도 缺文과 誤字
가 많으니, 감히 이것을 成書라 할 수 없다. 고루한 몸으로 후손된 도
리에 죄를 져도 도망할 곳이 없으니 오직 대대로 보배로서 간직해두
어 뒷사람을 기다릴 뿐이다.」라는 내용에서 본다면 정문승이 손을 댄
『하곡집』의 편차는「간행을 위한 편집이라기 보다는 더 이상의 散佚
을 막기 위한 수습 정리 수준에서 그쳤음」[17]을 알 수 있다.

현재 전하는『하곡집』은 어떤 경로로 정리되었는가 하는 점을, 종
래의 연구를 토대로, 좀더 정리해보자.[18]

---

疏若干而已, 則其時成書與否, 有不可考, 蓋先祖殁後富平君繼逝, 後嗣如糸戔, 而
門人之執斯沒者, 亦有所不敢輕易下手, 以取未俗之囂囂, 因以藏在箱篋者, 居然再
周甲, 而斷爛片草, 十亡八九矣, 小子懼其愈久而愈失也, 考繹收録, 編成其册, 而墜
緒莫尋, 質問無所, 年條則初晚相混 , 文字則疊缺多誤, 非敢以是爲成書也, 孤陋尫
先, 罪不敢逃走, 惟當世世寶藏, 以俟後人而已, 更何敢僭加一語於斯書也哉, 玄孫
文升敬書.

16) 윤남한,「국역 하곡집 해제」,『국역 하곡집』, 2쪽과 金成愛,「『하곡집』해제」,『標
點影印 韓國文集叢刊 解題 · 4』, 279쪽 참조.
17) 金成愛,「『하곡집』해제」,『標點影印 韓國文集叢刊 解題 · 4』, 278쪽 참조.
18) 다음의 내용은 金成愛,「『하곡집』해제」,『標點影印 韓國文集叢刊 解題 · 4』,
277~8쪽 내용을 요약 정리한 것이다.

하곡의 유문을 처음 정리하려고 시도한 이는 아들 厚一(富平公), 사위 李徵成, 門人 沈銪, 李震炳, 尹淳 등이었다. 또 1741년경 문인들 간에 문집의 일로 왕복한 편지를 살펴보면, 하곡의 정리되지 않은 채 남아있는 원고를 沈銪과 李震炳이 정리하고, 年譜와 遺事의 작성 등 행적의 정리는 厚一이 대략 초를 잡았으며, 원고 상태가 워낙 亂草여서 취사를 정할 수 없었다는 탄식과 「大學說」「中庸說」 같은 독립된 논설의 교정부터 시작하였다는 내용이 나온다.

이후 두번째로 『하곡집』의 정리를 시도한 것은 하곡의 증손 述仁과 하곡의 孫壻 申大羽등이었다. 신대우는 술인의 부탁으로 하곡의 墓表를 짓고, 문집 정리에도 착수하였다. 이 작업에는 아들 石泉 申綽(1760~1828)도 참가한 듯하다. 즉 신대우는 하곡의 단편적인 저작을 모아 편집하고 목록을 만들었고, 신작은 1802년에 하곡의 연보를 완성하고 1822년에 散集跋文을 지었다. 그러나 신작의 발문에는 자신이 상자 속에서 초고를 조사해 일체의 산절이나 교감없이 모두 그대로 繕寫하는 정도에 그쳤으므로 문집이 아닌 文草散集이라고 이름한 것이라고 하였을 뿐 부친인 신대우의 편집본에 대한 언급을 전혀 찾을 수 없다. 앞서 든 鄭文升의 目錄 설명[跋]에서 「宛丘 申公이 다시 정리하여 35권의 목록을 만들었는데, 지금 남아 있는 것은 經說, 書, 疏 약간일 뿐이니, 당시 완성된 책[成書]이었는지 여부를 알 수 없다.」라고 한 말, 그리고 정문승의 아들 鄭箕錫(1813~1889)이 「霞谷集序」(鄭箕錫 撰, 府君遺稿)에서 「선조부(鄭述仁)가 申公(申大羽)에게 위촉하여 남아있는 草稿를 거두어서 몇 책으로 엮었는데…申公이 일을 마치기 전에 화재를 당하여 여러 기록이 아울러 산실되었다. 이에 탈고한 것이나 탈고되지 않은 草稿를 모두 집안에 간직한 지 40~50년이 되었다.」라는 내용에서 우리는 다음과 같은 내용을 정리해낼 수 있다. 신대우가 하곡의 초고를 약 35권 분량으로 정리하였는데, 화재로 인해 작업 내용이 대부분 소실되고 일부 기록과 목록만이 남아 있었으므로 아들인 신작은 다시 초고를 대상으로 작업을 할 수밖에 없었다. 그러니 결국 ① 신대우가 편집한 것 일부, ② 신작이 수습한 것, ③ 탈고되지 못하고 여전히 亂稿 상태로 보존 되어 있는 원고 등이 뒤섞여서 그대로 家藏되어 있었던 것이다.

이와 같은 배경에서 두 개의 필사본이 나왔다. 그 중 하나가 이미 언급한 1856년 경 저자의 5대손 정문승이 편집한 22책본이다. 이는 하곡의 文稿가 간직된 지 120년만이며, 申公의 편집 이후 40~50년 만이라는 데서 연도를 추정할 수 있다. 그러나 이것은 정문승의 언급대로 이미 상당한 양의 유고가 없어진 후였고, 더 이상의 소실을 막기 위한 수습 정리 수준의 작업에 해당하는 것이었다. 아울러 정기석이 「하곡집서」에서 「선친이 심공(=심육)가 신공(=신대우)이 기록한 것과 家藏된 영세한 亂草를 서로 비교해가며 교정하고 편차하였으나 기존의 목록에 비하면 열에 한 둘도 안 된다. …원래의 초고는 의심스러운 것이 많고 謄本은 태반이 누락되어 단락을 찾을 길 없으니 망녕되이 刪定하고 校勘하여 함부로 간행할 수 없고 다만 한 부 淨寫하여 家藏해둘 뿐이다.」라고 말한대로 하곡 유고의 한계와 성격을 밝히고 있다. 정문승은 심육, 신대우가 정리했다가 산일되고 남은 기록과 원래 본가에 간직되어 있던 亂草 등을 모아서 편찬하였으므로 이것은 하곡 유고 중에서 가장 완비된 善本이다. 이것이 1922년경 일본으로 건너가 宮內廳圖書가 되었다가 1960년대 돌려받은 국립중앙도서관 소장 22책본이다. 이후, 다른 하나의 필사본으로서, 1935년에 하곡의 7세손 鄭啓爕이 申綽의 정리본을 저본으로 다시 하곡의 유고를 11책으로 정리한 것이 있

다.[19]

정계섭은 앞서 언급한 정문승의 22책본의 존재도 몰랐거니와 당연히 그 책을 보지 못하고 하곡의 유교를 등사하였던 것이다. 이것을 일인 高橋亨이 빌려서 다시 등사해 京城帝國大學에 보관한 것이 현재 규장각에 소장되어 있는 11책본이다.

위에서 보듯이 우리는 『하곡집』의 연보적 사실, 그리고 저작의 연대를 정확하게 추정하는 데에는 한계가 존재함을 알 수 있다.

## 2) 「존언」 집필 시기

종래 윤남한이 하곡 생애를 주거지의 3변(三變), 즉 경거(京居. 출생~40세까지)→안산(安山. 41세~60세까지)→강화(江華. 61세~88세 서거)라는 식으로 나누어 이해한 이후 거의 정설화되었다.[20] 그리고 윤남한이

그의 著述活動도 그의 生涯의 三變이나 그 학의 段階的 進展過程이 거의 그대로 표현되었음을 알 수 있다. 그의 저술이 「存言」과 같은 陽明的 心性說에서 朱·王學을 연결하는 「心經集義」나 周·程子의 主靜·定性說의 표현인 「定性書」, 「通書解」등에서 보이는 主一, 主靜的 心性學을 거쳐서 晩年에는 그의 全精力이 經學的 世界에 沈潛했듯이 「經

---

19) 정계섭은 일제시기에 총독부에서 일하면서 조선 古典籍의 정리에 종사하고 있었는데, 본가의 문집정리에도 역시 많은 관심을 쏟았던 것 같다.
20) 이 견해는 윤남한이 시도한 이래 거의 정설화 되어있다. 윤남한, 『조선시대의 양명학 연구』, 210쪽.

說」,「經學集錄」등의 著述로 표현되어 經學 내지는 經世學으로 집약되
어 나타났기 때문이다. 즉 霞谷學은 初年의 程朱說, 中年의 王學說 및
晚年의 禮說, 服制說, 天文, 星曆, 氣數論 및 經世論 등으로 그 중점이
달라졌던 것이다.[21]

라고 지적한 대로, 생애의 3변에 비견할만한「학문의 3변」도 추정해
볼 수 있다. 하곡의 자연학이 본격적으로 나타나는 것은 강화에 은거
하는 만년의 학문기에 해당한다. 이를 도표화하면 다음과 같다.[22]

| 하곡의 생애 및 학문의 변화 과정 | | | |
|---|---|---|---|
| 내용＼시기 | 초년 | 중년 | 만년 |
| 생애의 삼변 | 京居期(출생 ~40세까지) | 安山期 (41세~60세까지) | 江華期 (61세~88세 서거까지) |
| 학문의 삼변 | 程朱說期 | 王學說期 | 禮說·服制說, 天文· 星曆, 氣數論·經世論期 |
| 비 고 | | • 王學으로의 轉化期: 24세~33세 <br>• 王學의 表明 및 專治 期: 34세~ | • 왕학의 병폐 지적(83세) <br>• 朱·王學의 연계 혹은 程朱學으로의 회귀(?)* |

윤남한은「存言」上中下를 하곡이 43세경 찬술하였다고 추정[23]하고

---

21) 윤남한,『조선시대의 양명학 연구』, 226쪽.
22) 특히 학문의 삼변에 대해서는 윤남한,『조선시대의 양명학 연구』, 214~225쪽을
참조하여 재구성하였음.(최재목,「하곡 정제두의 자연학에 대한 예비적 고찰」,
『양명학』제6호, (한국양명학회, 2001년), 82~85쪽의 것을 약간 수정하였다.)
23) 윤남한,「국역 하곡집 해제」,『국역 하곡집』II, 고전국역총서71, (서울: 민족문화
문고간행회, 1986년(중판)), 5쪽.

있다. 그런데 앞서 지적한대로 윤남한은 辛亥를 '英祖 7년' 즉 '하곡
83세'로 보고 이 때에 하곡이 王學의 폐해에 대해 비판했다고 본다.[24)]
종래의 이런 주장 때문에 한국에서 논의되는 거의 대부분의 논서에서
는 '辛亥'를 83세로 보고 만년에 치양지 비판이 이루어진 것으로 간주
한다.[25)] 金成愛氏가 쓴 標點影印 韓國文集叢刊「『하곡집』 해제」에서
도 무슨 공식처럼 이렇게 말한다.

> 「存言」은 朝鮮의 유일한 陽明學書라고 불리는 저자(=하곡)이 대표
> 적인 글로써 저자가 陽明學에 가장 심취해 있던 장년기에 저술된 것이
> 라 한다. 그러나 저자가 83세가 되던 1713년에 王學의 대표적인 폐단
> 이 任情縱欲이라는 것을 깨달았다는 기술이 있어 말년의 사상적 변화
> 를 짐작케 해준다.[26)]

그러나 여기서도 「존언」을 하곡이 陽明學에 가장 심취해 있던 장년

---

24) 尹南漢, 『朝鮮時代의 陽明學 硏究』, 292쪽.
25) 유철호(성균관대)는 이 논문을 논평하는 자리에서 다음과 같은 언급을 하였다.
매우 주요한 언급이기에 밝혀둔다 : 「霞谷이 『霞谷集』卷9 「存言」下, 43條에서 致
良知說의 弊端을 비판한 말에 나오는 辛亥년 六月이 하곡 나이 23세라고 최초로
언급한 이는 1960년대에 柳承國선생이었으며[柳承國, 「하곡철학의 양명학적 이
해」, 『동양철학연구』, (서울: 槿域書齋, 1983)은 柳承國, 「鄭齊斗—陽明學의 泰
斗」, 『韓國의 人間象』제4권—學者篇 (서울: 新丘文化社, 1966)을 약간 증보한 것
이다], 하곡 나이 83세라고 최초로 언급한 것은 劉哲浩의 「鄭霞谷의 哲學思想硏
究」석사학위논문 (성균관대학교 대학원 동양철학과, 1976.12.)의 결론부분에서
였다. 尹南漢선생은 처음에는 辛亥년을 하곡 나이 23세로 보아서 「存言」이 「學
辯」과 마찬가지로 43세에 저술된 것으로 보았으나 나중에는 아마도 유철호의
석사논문을 참고하여 辛亥년을 하곡 나이 83세로 수정(修正)하게 된 걸로 사료된
다.」
26) 金成愛, 「『하곡집』 해제」, 『標點影印 韓國文集叢刊 解題 · 4』, 280쪽.

기의 저술로 보는 것은 타당하지만 그것과 '83세가 되던 1713년에 王學의 대표적인 폐단이 任情縱欲이라는 것을 깨달았다는 기술'과는 연결의 논거가 부족할뿐더러 추측에 무리가 따른다.

그렇다면 「存言」은 만년에까지 첨삭이 되었던 것일까? 유명종은 하곡의 치양지 비판 문장을 인용하고 나서 다음과 같이 말한다.

> 이것이 霞谷 83세 때의 기록인 까닭에 存言上中下 三篇은 만년까지 계속 얻은 바를 기록한 것이라 알 수 있고, 良知學이 정욕에 따르는(任情縱欲) 근심이 있다고 自覺한 것은 明末의 李卓吾 혹은 泰州派 곧 陽明左派의 情欲肯定論과 대립하는 것이다. 따라서 하곡의 良知學은 陽明右派와 공통점이 있게 되는 것이다.[27] [강조는 인용자]

다시 말해서 유명종은 하곡의 치양지 비판이 그의 '83세 때의 기록'으로 보고 '存言上中下 三篇은 만년까지 계속 얻은 바를 기록한 것'이라 단정한다. 과연 이 말은 타당한가? 이 점은 윤남한이 빠뜨린 부분이며, 유명종의 말대로라면 中純夫의 주장도 허점이 있게 된다.

그러면 유명종의 주장은 타당성이 있는가? 결론부터 말하면 유명종이 주장하는 '存言上中下 三篇은 만년까지 계속 얻은 바를 기록한 것'이라는 내용을 입증할만한 자료가 「연보」에는 없다. 이 말은 그것을 부정할 자료도 없다는 말이다.

윤남한은 하곡의 대표적 저작인 「學辯」과 「存言」에 대해 이렇게 말한다.

---

27) 유명종, 『韓國의 陽明學』, 121쪽.

이 두 편은 왕학자로서의 하곡의 대표적인 저술이라 할 수 있다. 그 저술 연대는 安山時期에 된 것 같으며 그 내용은 각각 왕학으로 일관되었고 그런 입장에서 정주학의 支離性을 비판한 것이다. 그중 「학변」은 주로 왕학의 정당성을 위한 論辨書였다면, 「존언」은 주로 양명적 입장에서 시도되었던 그의 심성학의 체계라고 할 수 있다. 이 두 편이 A본(8~9책), B, C본에는 각각 수록되어 있으나 연보에는 하등의 언급이 없다는 것은 그 왕학적 측면을 말살하려던 연보 찬술의 의도 때문인 만큼 니 점에서도 왕학적 성격이 가장 두드러진 것이며 그의 안산시대에 된 서찰의 왕학적 측면과도 상응된 것이다.

「학변」은 하곡의 43세 전후, 즉 숙종 17년 전후에 저술된 것으로 보이는데 이 때는 己巳換局을 치루고 南人 정권 하에서 西人系가 수세에 있던 때였거니와 하곡은 坡州에 퇴거하던 南溪 朴世采(1631~1695)에게 문학하다가 이 무렵에 왕학 신봉을 표면화하였고 남계는 하곡의 異學信奉을 충고하여 「王陽明學辨」(『南溪集』권59, 雜著 所收. 1691년, 남계 61세. 하곡 43세)을 저술하였으며, 明齋 尹拯(1629~1714)도 글을 보내어 그의 異學을 책하던 때였던 것이다. 특히 그의 知友 明谷 崔錫鼎(1646~1715)은 그에게 辨學說을 지어 보내어 이학 신봉을 충고하였는데 명곡은 하곡에게 보낸 글에서 「玄丈(=南溪)의 말씀에 그대가 왕양명의 문자를 좋아하여 한 책을 만들고 대략 근사록과 같이 하였다는데 역시 한번 보고싶소」라고 한 것은 그간의 사정을 말하는 것인 만큼 아마도 이 무렵에 「학변」과 「존언」이 저술된 것이다.[28]

다른 비판 자료가 없는 한 윤남한의, 하곡의 「학변」과 「존언」이 하

---

28) 윤남한, 「국역 하곡집 해제」, 『국역 하곡집』Ⅱ, 9쪽.(내용 일부 수정)

곡 43세 경에 이뤄졌다는 추정을 받아들일 수 밖에 없다.

### 3) 왕양명 치양지의 폐 비판의 시기

다시 한 번 「존언」의 내용으로 돌아가보자.

   ① 신해(辛亥)년 6월에 마침 동호(東湖)에 가서 하룻밤을 유숙(留宿)하다가 꿈속에서 갑자기 왕씨(王氏)의 치양지의 학(致良知之學)이 몹시 정밀하지만 ② 대체로 그 폐단은 혹 정(情)을 임의로 하고 욕(欲)을 멋대로 할 병폐가 있을 것을 생각하게 되었다. ③ 이 네 글자는 참으로 왕학(王學)의 병이다.

이 문장은 이론상으로는 다음 다섯 가지로 나누어 볼 수 있다. 해당되는 참고사항이 있는 경우는 논지 전개상 편의를 위해 각주로 처리하였다.

   첫째, ①②③의 내용 모두를 23세 경의 것이라 보는 경우[29]
   둘째, ①과 ②는 23세경[30] ③의 평가는 하곡의 만년(23세 이후, 또는

---

29) 최일범은 「하곡 역시 23세에 임정종욕의 폐단을 문제삼은 것은 바로 그의 양명학 공부가 아직 체험의 경계에 도달하기 전이기, 때문일 것으로 짐작된다.」(최일범, 「조선 양명학의 철학적 특질」, 『동아시아 유교문화의 새로운 지향』, 181쪽)라고 하였다.

30) 유승국은 「하곡은 23세 때에 이미 양명학에 심취하였다. 그는 펴놓고 양명학의 강점을 논변하였다. "내가 「陽明集」을 보니 그 도리가 간결 요긴하고 심히 정밀하여 마음에 대단히 기뻐 이를 좋아하노라." 그러나 이 학설을 함께 강론할 知己를 만나지 못하고 도리어 세인을 등지고 심산유곡을 찾아다니며 자연을 벗삼아 홀

83세 경 혹은 그 뒤)

   셋째, ①은 23세경으로 보고 ②③을 83세로 보는 경우

   넷째, ①②③의 내용 모두를 83세로 보는 경우[31]

   다섯째, ①②는 83세 경, ③은 83세거나 혹은 그 뒤로 보는 경우

   여섯째, ①은 23세경, ②③은 「존언」하 집필기인 43세경

   일곱째, 언급은 하되 아예 '시기'는 확정하지 않거나[32] 논외로 하는

경우[33]


여기서 윤남한의 주장은 넷째에 해당한다. 그리고 中純夫의 주장
은 기본적으로는 첫째이지만 여섯째의 가능성도 열어두고 있으며, 나
아가서는 넷째의 주장도 번복할 증거는 없다고 조심스럽게 얘기한다.
유명종의 주장은 넷째, 다섯째에 해당한다.

  그런데, 여기에 추가로 추정될 수 있는 것은 다음의 추정이다. 이미
앞서서 「『하곡집』 편집 시기」 부분에서


   하곡의 유문을 처음 정리하려고 시도한 이는 아들 厚一(富平公), 사
  위 李徵成, 門人 沈錥, 李震炳, 尹淳 등이었다. …하곡의 정리되지 않은
  채 남아있는 원고를 沈錥과 李震炳이 정리하고, 年譜와 遺事의 작성

---

로 사색하기를 즐겼던 것이다」(유승국, 「하곡철학의 양명학적 이해」, 『동양철학
    연구』, (서울: 槿域書齋, 1983년), 264쪽)라고 하여 23세에 해당한다고 보는 부분
    (①,②)만 구체적인 논증 없이 언급하고 ③의 평가는 보류하고 있다.
31) 예컨대, 최영성은 辛亥를 하곡 83세인 1731년으로 보고 있다.(최영성, 「鄭齊斗」,
    『韓國儒學思想史 Ⅲ: 朝鮮後期篇 · 上』, (서울: 아세아문화사, 1995년), 333쪽.)
32) 예컨대 이것은 김교빈의 연구에서 볼 수 있다. (김교빈, 『양명학자 정제두의 철학
    사상』, 27쪽).
33) 예컨대, 이것은 서경숙의 연구(서경숙, 「初期 江華學派의 陽明學에 關한 硏究」,
    성균관대학교 박사학위논문, 2000년 10월)등에서 볼 수 있다.

등 행적의 정리는 厚一이 대략 초를 잡았으며,…이후 두번째로『하곡
집』의 정리를 시도한 것은 하곡의 증손 述仁과 하곡의 孫壻 申大羽등
이었다. 신대우는 술인의 부탁으로 하곡의 墓表를 짓고, 문집 정리에도
착수하였다. 이 작업에는 아들 石泉 申綽(1760~1828)도 참가한 듯하
다. 즉 신대우는 하곡의 단편적인 저작을 모아 편집하고 목록을 만들
었고, 신작은 1802년에 하곡의 연보를 완성하고 1822년에 散集跋文을
지었다.

라고 서술한 대로, 하곡집의 몇 차례 편집과정에서 하곡의 양명학 연
구 사실이 의도적으로 왜곡되거나 배제되지는 않았을까 하는 것이다.
　참고로,「조선 양명학파 가운데 가장 뛰어난 사람으로 조선 양명
학파의 大宗師」라고 평가한 爲堂 鄭寅普(1893~1950)의『양명학 연
론』[34]에는, 그 이유는 알 수 없지만, 하곡의 양명 치양지의 폐에 대한
비판 언급이 보지지 않는다. 물론 이것은 그가 의도적으로 기술하지
않았을 수도 있다. 정인보는『양명학 연론』[35]에서

　지금 전하는 정제두의 연보를 봐서는 일생동안 그의 宗旨가 무엇인
지 잘 알 수가 없다. 양명학자라기 보다는 주자학을 고수한 사람처럼
색칠해져 있기 때문이다. 이것을 보면 정제두의 학문이 그의 집안에서

---

34) 정인보,『양명학연론』, 홍원식 · 이상호 옮김, (안동: 한국국학진흥원, 2002년),
　　215쪽.(이 책은 1933년 연희전문학교 교수로 있던 정인보가 1933년 동아일보에
　　총 66회에 걸쳐 연재한 것으로 홍이섭의 해제를 붙여 1972년 삼성문화재단에서
　　처음 발간된 것이다.)
35) 정인보,『양명학연론』, 215쪽.(이 책은 1933년 연희전문학교 교수로 있던 정인
　　보가 1933년 동아일보에 총 66회에 걸쳐 연재한 것으로 홍이섭의 해제를 붙여
　　1972년 삼성문화재단에서 처음 발간된 것이다.)

부터 전수되지 못했음을 알 수 있다. 그가 사망한 이후 沈銶(호는 樗村)이 "하곡선생이 남긴 저작들을 책으로 정리하되, 알 수 없는 것은 빼도록 하자"고 말했다. '알 수 없는 것'이 무엇인지 분명하게 가리키지는 않았지만, 정제두가 가장 힘써서 공부했던 양명학의 중심 내용을 가리키는 것이 아닐런지 모르겠다.[36]

라고 말했다.

좀더 언급을 한다면, 「존언」을 포함한 하곡의 '저작 편집 과정' 혹은 '筆寫의 과정'에서 양명학 연구의 흔적을 볼 수 있는 관련 자료가 의도적으로 배제되었거나 은폐되어 기술되었을 가능성, 나아가서는 하곡을 옹호하기 위해 선의적인 文句 조작 내지 삽입을 고려에 두는 것도 가능한 일일 것이다. 이 점을 안목에 넣는다면 ①의 본래 내용에다 ②③은, 하곡의 양명학 연구 사실을 감추거나 또는 그 때문에 야기되는 주위의 비난을 모면하려는 목적에서 양명학 비판의 구절을 의도적으로 추가한 것은 아닐까 하는 추정도 있을 수 있다.

따라서 결국 위의 〈「존언」 집필 시기〉의 내용과 아울러서 추정한다면, 「존언」에 실린 '양명 치양지의 폐에 대한 비판 내지 평가'는 「존언」 저술 시(43세경)에 '23세경에 이루어진 꿈의 기억'과 더불어 기록되었다고 최종적 추정을 할 수 있다. 다만, 「존언」이 하곡의 만년 혹은 죽기 직전까지 '계속 보완되었다'고 한다면 이 추정 또한 변경될 수 있다.

---

36) 정인보, 같은 책, 217~218쪽.

## 4) 東湖에 머문 시기와 배경

보통 하곡의 생애를 京居期(출생~40세까지)를 거쳐 安山期(41세 ~60세까지), 江華期(61세~88세 서거)의 세 시기로 구분하고 있다. 위에서 문제가 '신해(辛亥)년 6월에 마침 동호(東湖)에 가서 하룻밤을 유숙(留宿)'한 것을 23세로 본다면 하곡의 「연보」 23세조에는 葬事 등으로 安山에 갔다는 기록이 보인다. 즉

- 2월 아들 厚一이 태어나다.
- 11월 부인 윤씨가 졸거하였다.(安山 楸谷에 장사하였다.)

안산을 오고 가는 도중에, 또는 하곡이 別試 殿試에 떨어져서 擧業을 버리는 것은 24세 때이므로, 과거와 관련된 일(업무상, 또는 사람을 만나거나 자료입수 등)로 동호의 讀書堂에 들렀을 가능성도 있다. 참고로 『연보』83조에는 대략 다음과 같이 있다.

- 2월에 安山에 갔다.
- 3월 임진(29일)에 장릉(長陵)을 천봉(遷奉)하는 의(議)에 대하여 의논하였다.
- 5월 을축(3일)에 진강(進講)하는 책자의(冊子議)에 대하여 물으심에 대답하였다.
- 6월 정유(6일)에 사관을 보내어 부르다.
- 병오(15일)에 능(陵)을 옮기는 의주의(儀注議)에 대하여 대답하였다.

- 8월에 長陵을 옮겼으며 계묘(13일)에는 陵 아래 갔다가 신해(21일)에 돌아왔다.(계묘에 交河에서 坡州 舊陵으로 갔으며… )
- 10월에 高陽으로 갔다.(백부 贊成公을 개장하는데 선생이 몸소 가서 일을 치루었으며 11월에 改葬하고 돌아왔다.)
- 11월 경신삭(초하루)에 郡에 들어가서 長陵에 개장하는 緦服을 벗었다. 병인(30일)에 돌아왔다.

어느 쪽이든 「연보」의 내용에서 하곡이 동호에 머무를 수 있는 개연성은 찾을 수 있다. 이런 개연성이 앞서 서술한 하곡 「연보」의 신뢰성과도 연관해서 볼일이다.

우선 여기서 추정 가능한 것은, 하곡의 23세, 83세 또는 그 사이, 특히 그의 경거기(출생-40세), 안산기(41세-60세), 강화기(61세-88세)를 통틀어 고려한다면, 그가 賜暇讀書制에 선발되어 동호의 讀書堂[37]에 머문 것은 아니지만, 가족의 葬事, 改葬 등과 관련하여 배를 타

---

37) 이 때의 동호는 하곡이 「賜暇讀書制」에 선발되어 「讀書堂」에 머무는 것과는 다르다. 참고로, 世宗朝에서 英宗朝까지 南湖나 東湖의 讀書堂을 거쳐간 學者나 官僚들은 320名이 된다. 이에 대한 명단은 金庠基, 「讀書堂先生案」(編者未詳,1777年 以後編. 서울대奎章閣所藏本)에 의거하여 作成한 도표를 참고하면 좋겠다.(金庠基, 「讀書堂의 由來와 變遷」, 『鄕土서울』4, (서울: 서울市史編纂委員會, 1957년), 35~37쪽). 독서당 및 사가독서제에 관한 자료는 다음이 참고가 된다.
　① 「讀書堂」, 『韓國民族文化大百科事典』제7卷, (수원: 韓國精神文化硏究院, 1991년)
　② 金庠基, 「讀書堂의 由來와 變遷」, 『鄕土서울』4, (서울市史編纂委員會, 1957년)
　③ 李炫熙, 「朝鮮王朝兩班官僚時代의 讀書堂考」, 『誠信女師大論文集』4·5, (誠信女大, 1972년)
　④ 金重權, 「中宗朝의 賜暇讀書制에 關한 硏究」, 『書誌學硏究』제18집, (書誌學會, 1999.12)
　　　　　, 「明宗朝의 賜暇讀書制에 關한 硏究」, 『書誌學硏究』제19집, (書誌學會, 2000.6)

기 위해서 또는 다른 이유로 동호나 그 부근에 머물 수 있었던 가능성
은 얼마든지 있다고 할 것이다.[38]

_____, 「宣祖朝의 賜暇讀書制에 關한 硏究」, 『書誌學硏究』제21집, (書誌學會,
2001.6)
_____, 「光海君朝의 賜暇讀書制에 關한 硏究」, 『書誌學硏究』제22집, (書誌學
會, 2001.12)
_____, 「仁祖‧英祖年間의 賜暇讀書制에 關한 硏究」, 『書誌學硏究』제23집,
(書誌學會, 2002.6)

38) 참고로 「연보」43조를 보면
• 皇考(돌아가신 아버지)를 江華로 옮겨 장사하였다.
• 윤부인의 묘를 天安으로 옮겨 장사하였다.
• 겨울에 어머님을 뵈러 長城에 갔다.
라는 기록만이 있듯이, 그는 한곳에만 머물러 있었던 것이 아니고 공적 사적으로
동호 근처로 갈 수가 있는 것이다. 그런데, 유철호는 이 논문을 논평하는 자리에
서 이렇게 언급하고 있다. 논증이 아닌 추정이긴 하지만 참고가 되기에 일단 밝혀
둔다. :「年譜에는 하곡이 東湖에 가서 머물었다는 기록이 전혀 없어서 하곡이 동
호에 가서 양명학의 폐단에 대한 꿈을 꾸었다는 문제의 辛亥년 六月이 하곡 나이
23세인지 83세인지 바로 알아낼 수는 없다. 그러나 하곡은 83세인 辛亥년 3월
에 仁祖의 능인 長陵을 옮기는 議論에 대하여 옮기는 것이 마땅하다고 대답했으
며, 그해 6월 丁酉일(6일)에 英祖는 江華島까지 史官을 보내어 別諭로 하곡이 당
일로 영조에게 와서 영조의 미치지 못하는 것을 도와주라고 돈독하게 불렀으며
그달 15일(丙午일)에 하곡은 長陵을 옮기는 儀註의 議論에 대답했으며 그해 8월
에 長陵을 坡州에서 交河로 옮기게 되자 그달 13일(癸卯일)에 하곡은 파주 교하
의 릉에 가서 行在所에서 영조를 뵙고 능을 옮기는 자문에 대답했으며, 21일(辛
亥일)에 배를 타고 霞谷에 돌아오게 된다. 따라서 東湖에 가서 양명학의 폐단에
대한 꿈을 꾸었다는 문제의 辛亥년 六月은 바로 霞谷 83세의 6월 6일에서 15일
사이에 장릉을 옮기는 儀註의 議論에 대답할 자료들을 참고하기 위해 조정의 허
락 하에 東湖 讀書堂에 가서 유숙하게 된 것이 아닌가 하고 추정해본다. 하곡 나
이 23세는 아직 殿試도 보지 못한 젊은이로서 東湖讀書堂에 출입하고 유숙할
자격이 없었을 것이다.」. 아울러 유철호는 하곡이 辛亥년 六月에 양명 치양지학
의 임정종욕의 폐단을 지적한 것은 禮說에서 조선왕조의 정통 典禮와 왕권의 정
통성을 옹호 유지하고 이와 배치되는 예설을 반대하는 차원에서 나온 것이지 양
명학 자체에 대한 비판은 결코 아니었다고 본다 :「이 辛亥년 六月에 양명학의 폐
단에 대한 꿈을 꾸었다는 「存言」의 말은 그 전년인 하곡 나이 82세인 庚戌년 八月
에 德宗室祝辭屬稱의 議論에 하곡이 대답한 것과 같은 해 十월에 德宗室屬稱의

議論에 하곡이 다시 대답한 것과 관련이 있다고 생각된다. 하곡은 덕종실속칭의 의론에 다시 대답하는 글에서 홍문관에서 명 嘉靖帝(世宗)가 弘治帝(孝宗)를 皇伯考(백부)로 부르고, 생부인 興獻王을 皇考(아버지)로 부른 嘉靖 大禮議[명나라 제12대 嘉靖帝(재위 1522~66)시대의 政爭. 제10대 弘治帝(재위 1487~1506)의 아들인 제11대 正德帝(武宗, 재위 1566~72)에게는 아들도 형제도 없었기 때문에, 정덕제의 遺詔에 의하여 홍치제의 동생 興獻王의 아들 朱厚熜이 迎立되어 가정제가 된 것인데, 그의 생부 홍헌왕의 제례와 尊號를 어떻게 정할 것인가의 문제를 둘러싸고 紛議가 발생하였다. 大學士 楊廷和 등은 가정제에게 마땅히 홍치제를 皇考(아버지)라 부르고, 홍헌왕을 皇叔考(숙부)라 불러야 한다고 진언하였다. 그러나 가정제는 그렇게 부르는 것을 좋아하지 않았으며, 張璁과 桂萼 등은 마땅히 홍헌왕을 황고로, 홍치제를 황백고로 불러야 한다고 진언하였다. 결국 홍치제를 황백고로 부르고, 홍헌왕을 황고로 부르는 것으로 결정되었지만, 그 동안 4년에 걸쳐 논쟁이 벌어졌고, 2파로 갈라져 분규가 계속되었다]를 참고하여 올린 것에 반대하여 "이것은 張璁과 桂萼의 의론이온데, 張·桂는 이것을 가지고 한 세상을 어지럽게 했으나, 어찌 程朱의 바르게 정한 주장과 祖宗에서 이미 행하던 법을 버리고 大明會典의 그릇된 禮를 취하겠습니까?"라고 주장하였다. 嘉靖 大禮議에서 가정제가 생부인 홍헌왕을 황고로 홍치제를 황백고로 부르는 것에 찬동한 이는 張璁과 桂萼 등인데, 거기에는 왕양명의 제자들이 많이 참여했고 가정제가 마땅히 생부인 홍헌왕을 황숙고로 홍치제를 황고로 불러야 한다고 주장한 楊廷和 등은 程朱의 예론을 따랐으므로 이를 정통 정주학과 양명심학의 충돌로 보기도 한다. 그런데 하곡은 여기에서 張璁과 桂萼 등의 주장이 한 세상을 어지럽혀서 천하후세에 죄를 지은 것이라고 반대하고 程朱와 朝鮮 조정의 예법에 따라서 德宗(1438~1457: 成宗의 生父)을 伯祖考로 英祖 자신을 姪孫으로 불러야 한다고 주장하고 있는 것이다. 하곡은 이와 같이 정주학에 바탕한 조선 조정의 典禮를 적극 지지하는 입장에 있었으므로 그 이듬해인 辛亥년 六月에 양명학이 혹시 任情縱欲의 폐단이 있을 수 있다고 생각하게 된 것이라고 보인다. 이는 하곡이 西人 少論의 名門 집안으로서 조선 왕조를 옹호 지지하는 가문이라는 배경과 英祖의 霞谷에 대한 각별한 恩遇 등에서 연유한 것으로 보인다. 그러나 하곡은 양명학이 "甚精"하다(매우 순수하다)는 것은 계속 인정하고 있으므로 바로 그 양명학의 폐단을 지적한「存言下」의 마지막 조항에서 "陽明의 '居敬과 窮理를 둘로 나누는 자는 만가지로 다른 것을 논한다면 어찌 두 가지로 말하는데 그치겠는가? 하나의 천리를 주로 하는 것이니 이 심의 체를 주로 하지 않는 것은 공허함에 빠지는 것이고 바로 물건을 좇는 것이다.' 는 말씀이 일찍이 무엇이 병통이 되기에 이것을 병통이라고 하겠는가?"(陽明之'以居敬窮理分而爲二者, 若論萬殊, 奚止於兩云也? 主一箇天理也, 不主於此體, 是爲着空也, 卽爲逐物也'之說, 曾何所病, 而乃以此爲病乎?)라고 하여 양명(陽明)의 심즉리설, 치양지설이 어떠한 병통도 없음을 주장하

## 4. 맺음말
### – 치양지설 비판에 따른 하곡 양명사상 체계 변화의 전망을 겸해서

위에서 윤남한과 유명종은 하곡이 양명의 치양지설 비판을 하곡의
만년으로 보고 있다. 이 이후 이것이 거의 정설화 되었다. 이렇게 해
서 하곡의 사상이 우경화, 우파적으로 변형되었다는 일련의 추정이
나오게 되었다. 그러나 지금까지 논의한 내용을 토대로 필자는 다음
과 같은 결론을 조심스럽게 도출하고 싶다.

첫째, '양명 치양지의 폐에 대한 비판 내지 평가'는 「존언」 저술 시
(43세경)에 '23세경에 이루어진 꿈의 기억'과 더불어 기록되었다고
추정할 수 있다. 다만, 「존언」이 하곡의 만년 혹은 죽기 직전까지 '계
속 보완되었다'고 한다면 이 추정 또한 변경될 수 있을 것이다.

둘째, 「任情縱欲之患」에 자극받아 하곡의 양명학 이해는 결과적으
로 중국, 혹은 일본 양명학과 다른 「良知體用論」을 구상하게 되었으
며, 이것은 그의 독특한 「良知體用圖」로 구체화시키는 쪽으로 작용하
였다. 그리고 이것은 그의 만년까지 양명학 이해를 유지하도록 하는
사상적 기본틀로서 작용하였을 것이라 생각한다. 이것은 하곡의 良知
體用論的 양명학 이해는 중국과 일본에서 볼 수 없는 독자적인 사색
의 유형을 보여주는 것이라 평가해도 좋을 것 같다.[39]

---

고 「存言」을 끝맺고 있는 것이다.

39) 이에 대해서는 최재목, 「정제두 양명학의 동아시아적 위치」, 『동아시아의 양명
학』, (서울: 예문서원, 1996), 최재목, 「동아시아에서 하곡 정제두의 양명학이 갖
는 의미」, 『양명학』, (한국양명학회, 2005)을 참조하기 바란다. 다만 여기서는 그
핵심 내용만 발췌하여 附記해둔다 : 왕양명이 주자학의 이원론적 사색에 반대하
여 一體論的 사색에 철저했다면, 하곡은 왕양명의 그 관점을 체용론에 의해 재해

앞으로 하곡의 연보적, 사상적 자료가 새롭게 발굴될 가능성도 있으며, 이에 따라 하곡의 양명 치양지설 비판과 그에 따른 양명사상 체계 변화 또한 새롭게 평가될 수 있을 것으로 생각된다.

---

석(재검토)함으로써 體用이라는 개념적 틀이 갖는 '통합적 기능'과 동시에 그 '분석적 기능'을 선명히 부각시킬 수 있었다고 하겠다. 특히 하곡은 하나의 양지가 지닌 두 측면, 즉 본질적인 면, 현상적인 면을 이해하는데 있어, 그것의 '상호 계기적인 면[因果關係]', '상호 내포적인 면[感應關係]'을 불[火] 등의 비유를 통해서 설명하고 있다. 이렇게 해서 결과적으로 하곡에게서 체용이라는 논리는 인간의 심성(양지)은 물론 만물을 형이하와 형이상 혹은 동(動)과 정(靜)의 관계를 두 측면에서 균형 있게 파악하는 하나의 방법론이 된다. 다만, 여기서 간과해선 안 될 것은, 양명의 체용론이 '상호 순환적'이었던데 비한다면, 정하곡의 체용론은 그 분석적 기능의 개입에 의해 '체용의 상호순환성은 배제'되고 체는 체, 용은 용이어서 그 틀이 뒤섞이거나 뒤바뀌지 않고서 인과와 감응 관계가 이야기된다는 점이다. 그래서, 그의 성권 정권의 설명에서 보듯이, 성=체와 정=용이 선명히 자리를 잡게 된다. 여기서 하곡은 인간의 내면을 합리적으로 이해 · 해석하여, 감정(욕망)과 외부 사물로 인해 흔들림 없는 인간의 자율성 · 주체성 확보가 양명학의 체용론에 있음을 명확히 하고자 하였다. 바로 이것은, 하곡이 양명학 자체를 설명하는 것이 아니라 그 스스로의 의견을 개진한 것이라 할 수 있다. 이렇게 논의된 하곡의 양지체용론은, 중국 양명학이 지닌 문제점 – 예를 들면, 본체[心性]를 공담(空談)한다고 비판받는 양지현성론자(良知現成論者)들의 경전(經典) 경시 풍조와 본체(양지)를 완전한 것으로 용인하여 자기의 사사로운 욕망까지도 절대화하는 임정종욕(任情縱慾: 정욕에 맡겨 욕망을 제멋대로 발산하는) 경향 등 – 을 들어 양명학을 공격하던 당시 주자학자들의 비판을 이론적으로 극복하려는 노력의 산물이었다. 다시 말하면 양지는 본체나 천리가 아니고 지각이라는 주자학자들의 비판에 맞서, 양지는 하나이지만 논리적으로 나누어서 말한다면 체[智]와 용[知覺]이 합일되어 있다고 상세히 논함으로써 그에 대한 반론을 마련하고자 하였던 것이다. 그 결과로 그는 양지란 체용이 합일된 것이라는 견해를 적극적으로 주장하게 되었다. 이 점은 양지의 이해에서 체용론을 도입함으로써 통합 기능 강조의 효과를 가져왔으며, 동시에 이것은 양지가 「체와 용의 양면으로 구분된다」는 이른바 분석적 기능 그 자체도 부각시키는 결과를 가져 왔다. 따라서 하곡의 이러한 점들은 다른 지역의 양명학과 구별되는 특징, 다시 말해 한국적 양명학의 지평을 여는 요인이 된 것이다.

# VI. 하곡의 사회사상

## 1. 들어가는 말

하곡 정제두는 본관 연일(延日), 자는 사앙(士仰), 호는 하곡(霞谷). 시호는 문강(文康). 서울 출생이다. 1668년(현종 9) 별시문과 초시에 급제했으나 정국의 혼란을 통탄, 벼슬을 포기하고 학문에 전념하였다. 1680년(숙종 6) 영의정 김수항(金壽恒)의 천거로 사포서별제(司圃署別提)가 되나 사퇴하였고, 1684년 공조좌랑(工曹佐郎)을 잠시 지낸 뒤 다시 사직하였다. 학문과 덕행이 뛰어나 중신(重臣)의 천거로 30여 차례나 요직에 임명되었으나, 숙종 때 주부(主簿) · 호조참의 회양부사(淮陽府使) · 한성부윤, 경종 때 대사헌 · 이조참판, 영조 때 우찬성(右贊成) · 원자보양관(元子輔養官) 등을 잠시 지냈을 뿐, 거의 다 거절하고 주로 학문연구에 전념하였다. 정제두는 처음에 주자학을 공부하였으나, 뒤에 양명학을 연구하여 한국양명학사상 가장 체계적인 업적을 보여주었다. 문집으로『하곡문집(霞谷文集)』이 있고,

한국 양명학의 『전습록』이라 할만한 『존언(存言)』 등의 저술이 있다.


## 2. 정인보가 주목한 정제두의 경세론

정제두의 경세론은 일찍이 정인보의 양명학 연구에서 주목을 받았
다.

하곡(霞谷)은 말끝마다 허살(虛實)의 변(辯)을 들어 이로써 양지학
(良知學)의 실공(實工)을 환기(喚起)할 뿐만 아니라 그의 명안(明眼)
이 이미 허실(虛實)을 가름에 소철(昭徹)하매 무엇에든지 실(實)을 세
우기에 노력(努力)하여, 정치(政治)로는 수길(守古)보다 인변(因變)
함을 主하여
"어떻게 하든지 이국(利國) 편민(便民)할 것이면 하자"[1]
하였으며, 그 심(甚)한, 회(懷), 니(尼)의 분운(紛紜)에 조정(朝廷)
이나 사림(士林)이나 피차(彼此)가 호경(互競)하건만 하곡(霞谷)은
일체(一切)로 돌아보지 아니하여 세상에 그런 일이 있는 것조차 알지
못하는 것 같다(『石泉集』「霞谷遺事」). 오직 고심(苦心)으로 양반제도
(兩班制度)의 소탕(掃蕩)과 한민(限民) 명전(名田)의 성립(成立)을 연
구(研究)하여 그의 「차록(箚錄)」일서(一書)를 평생(平生) 두고 골골
불이(矻矻不已)하였나니 그의 학문(學問)의 본령(本領)이 어떠하였
던 것을 이런 점(點)에서도 짐작함 직하지 아니한가. 정학(政學)에 대

---

1) 鄭寅普,「陽明學演論」,『薝園 鄭寅普全集 2』, (서울: 연세대학교 출판부, 1983),
226쪽(참고로, 이 내용은 『霞谷集』권5 「獻議」,「錢貨便否議對」(己酉正月)에 나온
다.)

(對)한 고구(考究)도 결(決)코 당(唐), 우(虞) 삼대(三代)를 공상(空想)하거나 중화문물(中華文物)을 가부(暇附)하자 한 것이 아니다. 사사(事事)에 이 땅 저 땅에 조거(照據)하여 실행(實行)하여 실익(實益)이 있도록 한 것이요, 또 천문역산(天文曆算)에 명해(明解)와 정구(精究)를 가졌고 성음문자(聲音文字)에 미분세량(微分細量)을 계속(繼續)하여 다 각각 저술(著述)이 있다.[2]

하곡(霞谷)은 전정신(全情神)을 양명학(陽明學)에 주집(注集)하여 이로써 친민(親民)의 실(實)을 대전(大傳)하여 보려 한 것인데, (하략)[3]

이와 같은 정인보의 지적처럼, 정제두는 '이국(利國) 편민(便民)', '양반제도(兩班制度)의 소탕(掃蕩)과 한민(限民) 명전(名田)의 성립(成立)을 연구(研究)'한 것, '친민(親民)의 실(實)'을 중시한 것 등등 사회 전반에 대한 관심을 가졌다. 종래 이러한 사회사상에 대한 연구들은 경세론(經世論)의 형태로 일부 나오고 있긴 하지만[4] 철학사상의 연구만큼 집중되지는 않고 있다.

---

2) 鄭寅普, 「陽明學演論」, 『薝園 鄭寅普全集 2』, 225-6쪽.
3) 鄭寅普, 「陽明學演論」, 『薝園 鄭寅普全集 2』, 226쪽.
4) 이에 대해서는 다음의 논고가 참고가 된다.
   정재훈, 「霞谷 鄭齊斗의 陽明學 受容과 經世思想」, 『韓國史論』29, (國史編纂委員會, 1993).
   정두영, 「18세기 '君民一體' 思想의 構造와 性格 - 霞谷 鄭齊斗의 經學과 政治運營論을 중심으로 - 」, 『朝鮮時代史學報』5, (朝鮮時代史學會, 1998).
   金駿錫, 「朝鮮時代 蕩平 政治와 陽明學政治思想 - 鄭齊斗의 陽明學과 蕩平政治論 - 」, 『東方學志』116, (연세대국학연구소, 2002).

## 3. 정제두의 양명학의 폐단에 대한 경계

정제두는 23세 쯤 양명학에 관심을 갖고 양명학에 대한 일종의 우려감을 표시한다.

내가 양명집(陽明集)을 보건대, 그 도(道)에는 간요(簡要)하면서도 몹시 정미로운 것이 있으므로 마음 속 깊이 기뻐하며 이를 좋아하였다. 그런데 신해(辛亥)년 6월에 마침 동호(東湖)에 가서 하룻밤을 유숙(留宿)하다가 꿈속에서 갑자기 왕씨(王氏)의 치양지의 학(致良知之學)이 몹시 정밀하지만 대체로 그 폐단은 혹시 정(情)을 임의로 하고 욕(欲)을 멋대로 할 병폐(任情縱欲之患)가 있을 것을 생각하게 되었다. 이 네 글자는 참으로 왕학(王學)의 병이다. [5]

그런데, 인용문의 「정(情)을 임의로 하고 욕(欲)을 멋대로 할 병폐(任情縱欲之患)」는 표현은 왕양명 당시 양명학에 대한 주자학 측의 우려나 정제두 당시 한국 학술계에 통용되던 상투적인 비판 용어라 생각된다.[6] 따라서 깊이 읽을 필요는 없다고 생각한다. 다만, 정제두

---

5) 『霞谷集』卷9,「存言」下,43條: 余觀陽明集, 其道有簡要而甚精者, 心深欣會而好之. 辛亥六月, 適往東湖宿焉. 夢中忽思得王氏致良知之學甚精. 抑其弊或有任情縱欲之患(此四字眞得王學之病)

6) [陽明學·心學에 관심을 보이는 宣祖에 대해 柳成龍(1542~1607)이 이것을 비판하는 내용의 문답이 『實錄』에 보이는데, 여기서 柳成龍은 心學의 폐해를 「猖狂自恣」로 잘라 말하고 있다. 즉 「上曰, 陽明才高. 我國才質卑下之人, 不可學也. 其所謂常常顧心之說, 是也. 成龍曰, 其心則無準則之心. (중략) 古人云, 儒主理, 禪主心, 道主氣, 此說極好. 蓋主理, 故以爲事物有■然之理. 主心, 故以爲光明而終有猖狂自恣之弊. 上曰. 陽明之言曰致良知. 成龍曰, 此言僞矣.」(『宣祖實錄』宣祖 27年 7月. 癸巳))

의 왕양명 치양지학 비판은 그의 '학문의 새로운 가능성'='미완태'를 의미하는 것으로, 양명학의 욕망 긍정에 대한 일종의 안전장치를 둔 '제한적 이해'의 가능성을 말해준다고 하겠다.[7] 이것은 다음에 말할 신분제 옹호와도 일단 관련이 있다고 생각된다.

## 4. 「家法」과 「壬戌遺敎」에 나타난 신분옹호관

정제두의 신분제 옹호는 그의 34세 때 남겨놓은 「가법(家法)」(=「교자손법(敎子孫法)」)[8]과 「임술유교(壬戌遺敎)」[9]에 잘 나타나 있다. 그의 외손이자 강화학파의 중심인물이었던 신작(申綽)이 지은 연보(年譜)에 따르면, 이 「임술유교」는 하곡 정제두가 34세 때인 숙종 8년(1682년)에 지은 것이다. 당시 정제두는 몸을 돌보지 않고 공부에

---

7) 여기서 그는 왕양명의 '양지(良知)'를 성(性)과 정(情)의 둘로 구분하고 각각 체와 용으로 규정했으며, 성과 정을 대소로 구분했다. 즉 왕양명이 정과 성을 일체로 파악하여 정을 양지의 유행으로 본 데 비해, 그는 성을 정에 내재하는 본체로서 파악했던 것이다. 이러한 이해는 성이 정보다 근원적이라는 뜻이며 마치 주자학의 이기 성정의 관계와 같다. 그의 양명학 이해는 이러한 체용론적 바탕 위에서 이루어진다. 그것이 이른바 그의 「양지체용도(良知體用圖)」에 잘 드러나 있다. 이러한 논의는 최재목, 「동아시아의 양명학에서 체용론이 갖는 의미」, 『陽明學』제9호, (한국양명학회, 2003)을 참조.

8) 細註에는 자손을 가르치는 법(敎子孫法)이라 하였다. 壬戌遺敎와 더불어 家訓이라 할 수 있다.

9) 임술유교는 하곡이 34세 때인 숙종8년(1862년)에 동생 齊泰와 아들 厚一에게 남긴 글이다. 이 때 하곡은 신병이 극심하여 혹 죽게 된다면 뒷일을 동생에게 부탁하였고, 스승인 남계 박세채에게도 편지를 써서 告訣하였다. 당시 하곡의 집안은 부, 조부모가 모두 돌아갔고 11세 밖에 안 된 아들과 30세 밖에 안된 동생 이 가사를 주관해야 했기에 이것을 염두하고 이 글을 썼던 것이다.

만 지나치게 몰두한 결과 건강을 잃어 병세가 위중했다. 그는 자신의 죽음이 멀지 않았음을 알고 사후의 일을 아우에게 부탁하였고, 당시 11세였던 아들에게 공부에 대한 당부를 적었던 것이다. 하지만 막상 정제두는 이 유언을 작성한 뒤로 극적으로 건강을 회복하여 이후 무려 54년을 더 살았다.

먼저 「가법」의 내용을 항목별로 살펴보고 현재적 관점의 평가를 부가해 보면 다음과 같다.[10)]

| 번호 | 내용 | 평가 | 신분 관련 |
|---|---|---|---|
| 1 | 훈계하노니 궁액에 연계되지 말아라. (戒不連宮掖) | 긍정 | |
| 2 | 서얼을 눌러서 사당에 들어가 적자손과 같이 하지 말도록 하여라. (抑庶孼, 使不得入廟立嫡行.) | 부정 | 신분차별 |
| 3 | 비첩의 무리는 또한 천대하고, 첩의 예로는 대하지 못한다. (婢妾輩亦賤之, 不得爲妾例) | 부정 | 신분차별 |
| 4 | 아들은 처가살이를 하지 못하며 딸은 반드시 시집을 보내며, 모든 며느리는 한집에서 살게 하여라.(子不出贅, 女必送歸, 諸子妻必同家畜.) | 부정 | 남여차별 |
| 5 | 아들은 반드시 친애하고 어루만져 기르며 구체적으로 지목하여 가르치며 실제를 가지고 하여 거짓이 없게 하여라.(子必親愛撫育, 指教以實無僞) | 긍정 | |
| 6 | 오직 보고 듣는 바를 부정한 것으로 하지 말고, 무릇 익히고 행하는 것은 방일하고 사치하여 욕심대로 하지 못하게 하여라.(但所見聞, 不以不正, 凡習行, 不使放侈縱慾.) | 긍정 | |

---

10) 이것은 김덕균, 「하곡 정제두의 양명학적 세계관을 통해본 대인관계론」, 『하곡학과 실학』,제4회 하곡학 국제학술대회(한국양명학회, 2007), p. 515-516을 약간 수정하여 인용한 것임.

| 7 | 친히 가르치고 독려하거나 책망하지 말고 스승을 얻어서 그에게 이를 맡겨라.(不爲親自敎學督責,得師委之) | 긍정 | |
|---|---|---|---|
| 8 | 오직 일이 있게 전에 가르쳐 달래고, 혹은 그릇됨을 엄하게 금하여 두려워하여 감히 생각도 내지 못하게 할 것이며, 잘고 번거롭게 훈계하지 말라.(但先事敎諭,或峻氣禁斷其非,使有懾而不敢萌也, 不爲鎖鎖煩戒) | 긍정 | |
| 9 | 정감의 뜻을 모두 통하게 하여 털끝만큼도 서로 어긋나고 막힌다는 생각이 없도록 하여라. 또한 모든 일은 서로 의논하며, 따라서 지적하여 가르치되 내가 하는 일을 모두가 서로 알고 하여라.(使情意盡通, 無一毫齟齬之意, 且凡事與之相議, 因以指敎, 使吾所爲, 與之相知) | 긍정 | |
| 10 | 양반 친척은 반드시 같이 한 당이 되고 한 편이 되어 꾸밈이 없이 하여, 서로 모가 없고 시기나 의심함이 없이 하여 마음을 같이하고 뜻을 한결같이 하여서 아랫것들이나 잡된 무리들로 하여금 이간시키지 못하게 하여라.(兩班親戚, 必同爲一黨一邊, 無文爲無崖岸無猜疑, 同心一意,而不得使不流雜輩間焉) | 부정 | 신분차별<br>자유<br>선택권<br>침해 |
| 11 | 문하의 잡객은 비록 서로 친하더라도 예로서 대접하되 집안에 참여하여 일가(一家)에 틈을 내지 못하게 하며, 또한 친척이나 친구보다 더함이 있어서는 아니 되고 아랫것들도 또한 그렇게 할 것 이며 남녀 종과 첩의 무리들은 반드시 몹시 눌러서 친숙하고 믿음으로써 한 집안에 끼이지 못하게 하여라.(門下雜客雖相善, 待之以禮, 不得使與間於一家, 且不得有加於親戚朋友, 下流亦然, 奴婢妾輩, 必痛抑不得親信, 以間一家.) | 부정 | 신분차별 |
| 12 | 무릇 양반은 한 무리가 되고 뜻을 같이 하며, 비첩은 비록 천하더라도 한마디 말도 그 사이에 끼지 못하게 하여라.(凡兩班爲一黨同意, 婢妾雖親, 不得使一言間於其間) | 부정 | 신분차별<br>남녀차별 |

| | | | |
|---|---|---|---|
| 13 | 주인을 높이고 노비를 누를 것이다. 임금을 높이고 신하를 낮춘다는 것은 국가에 있어서는 어진 자가 뜻을 펴지 못하고 그를 예로 대접하지 못하며, 또한 하정(下情)을 다 하지 못하게 하는 것이지만 집에서는 그렇지 아니하니 다 하지 못하는 정이란 없을 것이다. 소제하고 심부름 하는 사람에게 무슨 도를 행하고 식견을 펼만한 것이 있겠는가. 그러므로 오직 준엄하게 막아서 가법을 엄하게 할 뿐이다.(尊主抑奴婢, 凡尊君卑臣, 在國家則賢者不伸, 待之不禮矣, 且不情不盡也, 家則不然, 無不盡之情, 掃除使喚之人, 有何行道識見之可伸者. 故只當峻防, 二嚴家法而己) | 부정 | 신분차별 |
| 14 | 아이들은 비록 어리고 노비는 비록 어른이라도 반드시 주인에게 죄장(罪杖 죄가 있으면 때리는 것)과 사령(使令 심부름 시키는 것)을 주관케 하여라. 비록 어릴 때 부터 라도 주인의 권한을 손에 넣게 할 것이다. 그렇지 않으면 뒤에 반드시 대항하는 일이 있을 것 이다.그리고 노비로서 아이들을 만만히 여겨서 공경하지 않는 자가 있거든 이를 엄하게 금지할 것이다. 그러나 공 있는 늙은 자는 내보낼 수 있으면 내보내되, 만약 부린다면 아이들의 심부름도 하지 않을 수 없는 것이다.(兒子雖幻, 奴婢雖長, 必使主其罪杖使令, 雖自小時, 使主權入其手. 不然後必有杆格也. 且奴婢有謾兒輩不敬者痛禁之, 但有功老者放之則放之, 苦使之則不可不爲兒輩使令也.) | 부정 | 신분차별 |
| 15 | 신부도 역시 노비를 죄책(罪責)하는 권한을 주관하게 하여라. 그렇지 않으면 참견과 이간이 들어오고 불공함이 많을 것이다. 또한 자녀에서는 노비는 피차를 구별하지 말고 심부름과 죄벌을 한 가지로 하여라. 그렇지 아니하면 저쪽에 붙어서 이쪽을 헐뜯고 이쪽에 붙어서 저쪽을 속이는 자가 많을 것이다.(新婦亦使主罪責奴婢之權, 不然讒間入之, 不恭多矣, 且奴婢於子女, 不可有彼此之別, 使之一體使令罪罰. 不然付彼而讒此, 托此而讒彼者多矣.) | 부정 | 신분차별 |

| | | | |
|---|---|---|---|
| 16 | 대체로 종이란 것은 비록 어른이 부리는 바로, 사람들이 함부로 죄주지 못한다 하더라도 양반은 어른 아이가 없이 마땅히 일체가 될 것이다. 또한 노비가 어른을 믿고 아이들과 부녀들을 만만히 여기면 뒷날에는 종노릇을 아니 하게 될 것이다. 따라서 어른인 종에 대해서는 반드시 처음부터 권한을 주관하도록 하여라.(夫奴雖曰尊者所使, 不宜人人擅之罪之, 然兩班無長小當爲一體. 且奴婢情長者而謾兒輩及婦女也, 後日終於不奴而已. 故長者必自初使之主權.) | 부정 | 신분차별 |
| 17 | 그러나 아랫것을 부리되 평일에는 굶주리고 추운 것을 구휼하여 은혜와 의리를 잘 갖추어서 정성과 신뢰로 대접하여 은혜가 있도록 할 것이며, 죄가 있을 때에는 법을 세우기를 엄하게 하여 용서치 말 것이며, 이를 가법으로 세울 것이다. (但使不平日恤其飢寒, 恩義備至, 待之誠信有恩, 至於罪也則立法嚴而不容貸, 以立家法.) | 부정 | 신분차별 |

17개 항목 가운데 6개 항목을 뺀 11개 항목이 부정적 내용으로 되어 있다. 다만 서얼(庶孽)과 적자손(嫡子孫), 비첩(婢妾)과 첩(妾), 주인과 노비의 관계는 오늘의 시각을 기준으로 신분차별이니 남녀차별이라고 평가해내기엔 무리가 있다. 왜냐하면 그것이 꼭 정제두만의 문제가 아니고, 일단은 당시 사회의 룰이거나 가풍에 따른 것이기 때문이다. 그렇다 하더라도 사민평등(四民平等)을 논하는 양명학적 세계관과는 어느 정도 차이를 보여주고 있다. 정제두가 양명학에 대한 우려로서 「정(情)을 임의로 하고 욕(欲)을 멋대로 할 병폐(任情縱欲之患)」를 경계한 것도 이와 연동되는 것이라 할 수 있다.

이어서 주로 상, 제례와 관련된 내용들을 담고 있는 「임술유교(壬戌遺教)」를 보자. 이것은 정제두가 아우 제태(齊泰)와 아들 후일(厚

一)에게 준 유언이다. 글은 모두 5단락으로 이루어져 있는데, 그 첫 단락에서 집안일을 여자에게 맡겨서는 안 됨을 말했다. 이것은 그가 특별히 여성에 대한 편견을 가졌다기보다, 당시 조부모와 부모님이 모두 세상을 떴고, 11세 난 어린 아들과 30세 된 동생 밖에 없었던 당시 상황에서 집안일을 동생이 우선 주관해 나가도록 조처하기 위한 언급으로 보인다.

무릇 가사는 남자가 주관할 것이다. 부인은 비록 현명한 부인이라 하더라도 집안일을 담당하여 주관하지 말아야 한다. 그러므로 남편이 죽으면 자식을 따르는 것은 자기 맘대로 함이 없게 하기 때문인 것이다. 도리가 본래 이와 같으니 부인은 어머니를 모시되 한 뜻으로 뜻을 받들어서 오직 순하게 하고 뜻을 편안하게 할 것이며, 스스로 맘대로 함이 없도록 하여라[11]

아이들이 이미 장성하였으면 곧 집안일을 맡게 할 것이나 인사(人事)가 미성(未成)하면 아직은 염려가 없다고 보장할 수 없으니 반드시 일찍이 어진 스승을 가까이 하고, 여러 부형들에게 가르침을 받아서 유지하게 하면 성취는 바랄 수 있을 것이다. 또한 모든 일을 반드시 부형에게 뜻을 받고 그 뜻에 따라서 행하면 잘못된 허물을 면할 수 있을 것이다. 이것이 내가 끊임없이 가르치는 까닭인 것이다.[12]

---

11) 『霞谷集』권7, 「遺敎」, 「壬戌遺敎」: 凡家事, 惟丈夫主之. 婦人則雖有哲婦, 不宜當家與政. 故夫死從子, 以其無專制也. 道理自如此, 婦人奉母親, 湏一意承受, 惟在順吉安意, 無有自專.

12) 『霞谷集』권7, 「遺敎」, 「壬戌遺敎」: 兒輩旣長側便可當家, 人事未成則未能保其無虞也, 必須早近賢師, 受誨諸父兄, 俾有維持, 成就乃可望矣, 且凡事必須旨父兄而聽用之, 可免矣, 此吾所以綣綣者也.

이 내용들은 「가법」과 맥락상 큰 차이는 없다. 여기에는 여필종부(女必從夫), 부창부수(夫唱婦隨)의 남녀관이 여실히 드러나 있다.


## 5. 예식의 간소화, 간례(簡禮)의 원칙

아울러 「임술유교」의 두 번째 단락에서는 장례의 여러 절차를 상세하게 말했다. 그 핵심은 모든 절차에서 겉치레를 하지 않고 간소함에 따르는[從簡] 장례를 부탁한 것이었다. 이러한 간례(簡禮)의 원칙에 따라 그는 자신이 죽은 뒤에 제사 지내는 법식에 대해서도 옛 선현의 뜻에 비추어 경우마다 자세한 지침을 내려 주었다.[13]


• 태어나고 죽는 것은 늘상 있는 일이요, 죽어서 흙으로 돌아가는 것 또한 일상적인 일이다. 성인께서 법도를 제정하사 죽은 이를 위해 후하게 장사 지내는 것은 단지 살아있는 사람이 차마 떠나보내지 못하는 정리 때문이지, 죽은 사람에게 보탬이 있어서가 아니다. 이런 까닭에 수족을 염하여 다시 장사 지낸다는 가르침이 있으니, 있거나 없거나 이를 함을 일컬은 것일 뿐임을 알 수가 있다. 세속에서 심지어 돈을 빌리고 구차하게 구하기까지 해서 채비를 갖추는 것은 바른 도리가 아니다.

---

13) 「임술유교」의 禮說은 戌渾(1535~1598),李珥(1536~1584),朴世采(1631~1695)의 학설을 기반으로 쓰여 졌다(박연수, 『하곡 정제두의 사상』, 한국학술정보, 2007년 7월, 17쪽 참조). 아울러 정제두는 예의 간략함을 강조하는 입장에서 『주자가례』를 중시하였던 것으로 보인다(이에 대해서는 김윤정, 「霞谷 鄭齊斗의 宗法 시행과 禮論」, 『인천학연구』9, (인천학연구원, 2008.8), 134-135쪽 참조).

- 관재(棺材)는 따로 가려서는 안 된다. 단지 겨우 수십 년 지난 재목이면 충분하다. 비록 품질이 좋지 않고 가장자리가 희더라도 수십 년 쯤이야 버티지 못하겠느냐?
- 관에 비단이나 종이를 바르는 것도 쓸데없는 꾸밈이다. 『주자가례(朱子家禮)』에서는 쓰지 않은 법이니 마땅히 하지 않도록 해라.
- 옻칠을 더하는 것도 쓸 데 없다. 한번만 하면 되니, 두 번은 하지 않도록 해라. 무릇 실제 쓰는 물건에 있어서도 오히려 이를 생략하면서 하물며 이같은 물건을 아름답게 치장하겠느냐?
- 반함(飯含)은 반드시 먼저 치아에 수저를 물려 입 안을 채워야 할 것이다. 시속에서 이빨 바깥 쪽 입술 사이에 반함하는 일이 많은데 이같이 하려거든 하지 않는 것이 낫다.
- 염습은 모두 평소에 늘 입던 것을 가지고 하되, 습의(襲衣)는 세 벌을 넘겨서는 안 되고, 염의(斂衣)는 십 여 벌을 넘기면 한 된다. 염을 마치기를 기다려 관을 채우면 된다. 새로 지은 것으로 후하게 염을 해서는 안 된다. 『주자가례』에는 소렴(小斂)만 있고 대렴(大斂)은 없다. 다만 이불로 염하여 관에다 넣었을 뿐이다. 이는 생략하여 간소하게 함을 좇기 위함이다. 평일에도 능히 심의(深衣)를 입지 못했고, 또 소자(邵子)가 말한 지금 입던 옷을 입힌다는 뜻에 따라, 습의는 한결 같이 영삼(領衫)을 쓰고 복건만 씌워도 무방하다.[14)]

---

14) 『霞谷集』권7, 「遺敎」, 「壬戌遺敎」: ‧生而死常事, 死而歸於朽亦常事. 聖人制作, 爲之厚葬, 只是生者不忍之仁耳. 非有補於死者也. 是以有斂手足還葬之訓, 可知其稱有無爲之而已也. 世俗至有假貸苟求而充備, 則非正理也. ‧棺材不宜求擇. 只可僅過數十年足矣. 雖品薄邊白, 豈不支數十年乎. ‧塗棺浮文也. 家禮不用, 宜勿爲之也. ‧加漆無益也, 一則可或, 再勿爲之. 凡在實用猶省之, 况此等觀美乎? ‧飯含必先楔齒, 實之口中可也. 時俗多施之齒外唇間, 若如此不如不爲也. ‧襲斂皆以平日常着, 不過襲衣三件, 斂衣十數件, 以備於斂結充棺足矣. 不得以新表厚斂. 家禮只

정제두가 신분과 남녀차별 면에서 보수적인 관점을 보이지만, 이에
비해 상·제례에 있어서는 실학적, 실리적 의견이 피력되어 있다.

이러한 실학적 태도는 공부론에서도 마찬가지다. 상례에 이어서,
정제두는 학문하는 방법, 태도에 대해서 말하고 있다. 정제두는 자신
이 왕양명의 학문에 매진해온 까닭을 말하고 자칫 잘못된 길로 접어
들지 않도록 언급하고, 또한 아들에게 공부의 방법과 단계를 일러주
고, 과거 급제에 연연하지 말 것을 당부했다. [15)]

---

有小斂而無大斂, 只斂衾納棺而已. 爲從省簡也. 平日旣不能服深衣, 且從邵子服今
服之義, 襲衣用一直領衫, 加以幅巾無妨.

15) 후세의 학술은 의심이 없을 수 없으니, 다만 성인의 뜻에 미처 밝히지 못한 바가
있을까 염려스럽다. 다만 왕양명의 학문은 주렴계(周濂溪)와 정이천(程伊川)의
뒤에서 성인의 참 뜻을 얻은 것에 가깝다. 내가 일찍이 내맡겨 마음을 쏟아 대략
그 대강을 맛보았으나 능히 공부하지 못한 것이 유감이다. 이에 왕양명의 책과 내
가 일찍이 초록하고 표시해 둔 것, 그리고 미처 탈고하지 못한 것을 나란히 소장
한 경서 몇 질과 손수 베껴 쓴 몇 책과 함께 책상자에 보관하여 남겨둔다. 다만 스
스로 비하하지 말고 내 뜻을 잊지 않도록 해라. [양지(良志)의 학문은 바로 진실
함이니, 다만 내 성품은 하나의 천리일 뿐이다. 문구에 얽매이거나 말을 좇아서
논변하는 거리로 삼아서는 안 된다. 모름지기 지극한 뜻의 핵심 되는 바를 알아서
이를 깨달아야 한다. 이 인심(人心) 양지(良知)는 스스로 알아 얻지 않음이 없다
는 것이 바로 이것일 뿐이니, 다만 실답게 이를 이루어야 한다. 장차 세속과 더불
어 서로 표방하여 말초적인 것으로 따져 다투어 겉으로 드러낼 필요는 없다. 다만
스스로 노숙하고 내실 있게 하면 된다.] 하지만 공력을 쓸 때 정력을 너무 낭비하
면 아무 성과 없는 노력을 헛되이 쓰게 될 뿐이다. 또 그 기록 중에는 정밀한 것과
거친 것이 구분되지 않아 자질구레해서 굳이 볼 필요가 없는 것도 많다. 다만 가
려 깨달음에 있어 꼭 내가 엉뚱하게 정력을 낭비해서 몸을 상하기에 이른 것처럼
해서는 안 되니 이를 경계하도록 해라. [다만 본서(本書)만 되풀이해 읽으면 실
체를 볼 수 있다.] 입아(立兒)야! 내년에는 『사략(史略)』을 일찍 마칠 수 있을 테
니, 다시 『소미통감(小微通鑑)』 등 몇 책을 대략 배워 문리(文理)를 틔우도록 해
라. 내 후년부터는 『소학』을 배우되 외면을 먼저 하여 기운을 일으키는 바탕으로
삼고, 그 다음에 차례로 『논어』와 『맹자』 등 《사서(四書)》를 배우도록 해라. 그 다
음으로는 『시경』과 『서경』에 미쳐, 되풀이해 자꾸 읽어 경서 곁을 떠나지 않아야
한다. 시문(時文)이나 속된 글 같은 것은 문리가 난 이후에 무리를 따라 익히되 단

지 과거에 응거할 수 있을 정도만 해야 한다. 마침내 실학(實學)을 폐하면 안 된다. 또 경서 같은 것은 모름지기 정밀하게 배우고 관통하여서 시속의 무리들이 대충 섭렵하고 마는 것처럼 해서는 안 된다.

무릇 경서를 읽을 때는 반드시 요체를 알아야만 한다. 간략하고 진실되게 익혀 실체에 받아 씀에 절실해야지, 들떠 넘쳐서 요점도 없이 한갓 정신만 낭비하고 아무 얻는 것 없이 해서는 안 된다. 무릇 사서 경전 속의 가르침 가운데 진실로 그 요점을 얻으면 죽을 때까지 쓸 것이 많다. 한갓 널리 섭렵하기에 피곤하면 과연 무슨 이익이 있겠는가? 무릇 아동을 가르칠 때는 그 기운을 꺾어 눌러 생의(生意)를 꺾어서는 안 된다. 다만 마땅히 순순하게 이끌어야 한다. 왕양명이 어린이를 가르친 큰 뜻도 잘 이끌어서 잘 기르는 것을 가장 우선으로 삼았으니 반드시 법으로 본받을 만하다. 다만 세상 사람이 능히 그 뜻을 아는 이가 없다. •입아야! 너는 타고난 자질이 허약해서 모름지기 잘 조섭하여 정력을 아껴야만 보존할 수 있을 것이다. 많은 것을 탐하는 데 힘써 정력을 손상하거나 낭비해서는 안 된다. 무릇 힘이 미치지 못하여 크게 정력을 써야 하는 일 같은 것은 일체 금해야 할 것이다. 이것은 내가 뉘우치는 바이기도 하다. 마땅히 우계(牛溪) 성혼(成渾) 선생께서 아들 창랑(滄浪) 성문준(成文濬)을 훈계한 말로 법을 삼아야 할 것이다. 또 사람이 공부하는 것은 각자 기상에 따르는 것이다. 한나라 때 곽임종(郭林宗)이 방향을 어기고 힘쓸 것을 바꾸는 것을 경계한 것이 이 때문이다. 너는 오로지 경학(經學)에 뜻을 두어 집을 지키도록 해라. 혹 시문(時文)을 대략 익혀 감시(監試)에 응한 뒤에는 음록(陰祿)을 받는 것도 괜찮으니, 반드시 과거에 급제하는 것만 일삼지 않는 것이 마땅하다.

일찍이 세상의 학사와 대부들을 살펴보니 그 지향하는 바에 높고 낮음이 있었다. 문사의 꾸밈을 가지고 사업으로 삼는 자도 있고, 글을 외워 박식함을 뽐내는 자도 있으며, 장구(章句)를 따라 교정하고 훈고하는 것을 능사로 여기면서 그 근본은 알지 못하는 자도 있었다. 자잘한 도리에 얽매이는 것을 전문가인양 여기는 사람도 있었으니, 또 마음을 밖으로만 내달리는 자들이었다. 그런가 하면 식견이 어둡고 근본을 몰라 자잘한 행실로 스스로를 훌륭하다 하고, 작은 절개에 얽매여 삼가는 자가 있고, 높은 것을 따라 과감히 행동하기를 힘쓰는 자가 있으며, 행실을 도탑게 하고 절개가 높아 공경하고 귀하게 여길만한 사람도 있었다. 성질이 맑고 깨끗하며 편안하고 맑아서 자연스럽고 한가로움에 이른 자는 또한 아름답다 하겠다. 또 방랑하며 풍류를 즐기는 것으로 고상하게 여기는 자가 있으니 밖으로 내달리는 자이다. 성실하고 두터우면서도 비근한 자가 있고, 논의와 풍절로 몸을 얽어매고 세상을 살아가는 자도 있고, 의리와 지식으로 실천하여 행하는 것을 유종(儒宗)으로 여기는 자도 있었다. 홀로 심성으로 인(仁)을 구하는 학문만이 성현의 종지가 된다. 그 요체는 『논어』의 구인극복(求仁克復)과 『맹자』의 존양집의(存養集義), 『대학』의 명덕지선(明德至善), 『중용』의 중화솔성(中和率性) 및 주정(周程)

마지막 단락에서 세상의 공부하는 사람들의 여러 가지 양태에 대해
말한 대목이 음미할만 하다. 실학(實學)에 입각한 공부의 방법과 태
도가 잘 제시되어 있다.

---

의 무욕정성(無慾定性) 등을 논한 글에서 볼 수 있다. 만약 어진 마음과 어진 재능
이 있고, 식견이 밝으며 재주가 높아 경세제민(經世濟民)할 수 있다면 지극한 것이
다. 또 세상일을 즐기고 사공(事功)을 따지는 것에 힘쓰는 자가 있으니 밖으로
내달리는 자이다. 경계하고 경계해야 한다.

(後世學術不能無疑, 竊恐聖旨有所未明. 惟王氏之學, 於周程之後, 庶得聖人之眞.
竊嘗委質潛心, 略有班見, 而恨未能講. 乃以其書及所嘗抄錄表識而未及脫稿者, 並
與所藏經書數匣手寫數冊, 藏之一篋以遺之, 惟是毋自卑下, 無忘吾志. [良志之學,
直是眞實, 只惟吾性一箇天理而已. 不是拘於文句, 逐於言語, 以爲論辨之資而已也.
須是知得至意所腦而領會之耳. 是人心良知之無不自知得者是耳, 惟實致之而已. 且
不必與世俗相爲標榜, 而於末梢上爭辨而外面浮汎, 惟自老實爲之.] 然所用功者, 極
費精力, 枉用無益之功. 且其錄中精麤不分, 多有零瑣不必觀者. 惟在擇領, 不必如
吾枉用精力, 以致傷生戒戒. [惟熟讀本書, 而實體可見耳.] 立兒明年, 可早畢史略,
復略授少微鑑等數冊, 以資文理. 自再明年, 授小學, 先外篇以資興氣, 以次連授語
孟四書. 次及詩書, 循環熟讀, 不離經書. 如時文俗製, 文理旣成之後, 隨衆習爲, 只
可應擧而已. 終勿廢實學, 且如經書, 須是精學貫通, 不得如時輩涉獵鹵莽也.
凡讀經書, 必求知要. 肆其簡諒, 切於實體受用, 不宜泛濫無要, 徒費精無得. 凡於四
書經訓中, 苟得其要, 終身儘多, 徒困博涉, 果何益哉. 凡教兒童, 不宜摧殘其氣, 以
折生意, 惟當順以導之. 王文成訓蒙大意, 最是善誘善養, 必可爲法. 但世人無能知
其意. 立兒稟弱, 須善調攝, 愛其精力, 可保. 不宜貪多務功, 傷費精力. 凡可力所不
及, 太勞精力之事, 一切禁之. 此吾所悔也. 宜以牛溪訓滄浪之語爲法. 且人之爲業,
各隨氣像, 郭林宗之所以戒違方易務者是也. 汝惟專意經學守家, 或略治時文, 以應
監試之後, 只效蔭祿, 則或可矣. 不必專事科第宜矣.
嘗觀世之學士大夫, 所趣有高下. 有以文詞藻繪以爲事業者, 以記誦博識爲多者, 以
摘抉章句考校訓詁爲能而不知本者, 至有以拘曲小道爲專門者, 又爲外馳者也. 有曒
識昧本, 而細行自多, 小節拘愼者, 徇高果行以自勵者, 篤行高節可敬可貴者, 至於
性質淸潔恬淡自然疏閑者, 則亦美矣. 又有以放浪風流爲高者, 外馳者也. 有愿厚而
卑近者, 有論議風裁律身持世者, 有義理知識而踐行以爲儒宗者, 獨心性求仁之學,
爲聖賢宗旨, 其要於論之求仁克復, 孟之存養集義, 學之明德至善, 庸之中和率性,
周程之無欲定性之書可見. 至如有仁心仁術識明才高, 可以經濟, 則至矣. 又有以喜
世務核事功爲務者, 外馳者也, 戒之戒之).

## 6. 친민론(親民論)과 사민평등관(四民平等觀)

정제두는 인간의 본질적인 차이를 인정하지 않는다. 양명이 인간을
금의 순도의 차이는 인정하지만 본질적으로는 같은 금(金)이라 보듯
이[16] 기본적으로 평등한 인간관에 기초하고 있다.

> 그러므로 무릇 종류가 같은 것은 모두가 서로 비슷한 것이니, 성인
> (聖人)도 우리와 더불어 종류를 같이 하는 (인간인) 것이니, (중략) 마
> 음의 같은 것은 무엇인가? 리(理)라고 하고 의(義)라고 이르는 것이다.
> 성인은 먼저 우리 (인간의) 마음의 같은 바를 먼저 얻었을 따름인 것이
> 다.[17]

이러한 인간관은 기본적으로는 양명의 관점과 다르지 않음을 알 수
있다. 양명은 만년에 주자(朱子)의 『대학장구(大學章句)』의 해석과
입장을 달리하여 『고본대학(古本大學)』의 관점을 취한다. 그의 『대
학』해석은 이후 『대학문(大學問)』으로 정리된다.

양명은 주자처럼 삼강령의 '재친민(在親民)'의 '친민'을 '신민(新
民)'으로 읽지 않고 『고본대학』그대로 친민(親民)으로 읽었다. '백성
을 새롭게 한다'는 이른바 '통치의 대상'으로서 보았단 백성을, '백성
과 친하다'로 읽어 '가르침[敎]과 기름[養]의 대상으로서의 본 것이었
다. 이것은, 주자학에서 관료의 통치 대상으로서 간주했던 서민을 '도

---

16) 이것은 『陽明全書』권 1, 「傳習錄」上에 나오는 이른바 정금(精金)의 비유이다.
17) 『霞谷全集』권8, 「學辨」: 凡同類者 擧相似 聖人與我同類者 (중략) 心之所同者 何
  也 謂理也義也 聖人先得我心之所同然耳

덕적 실천 주체'로서 인식한 의의를 갖는다.[18]

마찬가지로 정제두도

　친민(親民)의 친자(親字)가 만약 그릇된 것이라면, 그 잘못은 마땅
히 공자로부터 시작될 것이요, 양명을 나무랄 수는 없을 것입니다.[19]

　백성을 친하여 천하 사람으로 하여금 다 그 明德을 밝히게 하는 데
에까지 이르면 그 體用과 本末의 온전함이 이에서 더 큰 것이 어디 있
겠습니까?[20]

라고 하면서 양명의 친민설을 그대로 수용하고 있다.

　이러한 친민설은 사민평등관(四民平等觀)과 서로 관련되어 있다.
아울러 이것 또한 양명의 사민평등관에서 유래한 것이다. 즉 양명은
다음과 같이 말한다.

　옛날에는 사민(四民)이 업(業)을 달리하더라도 도(道)는 같이 하였
다. 그 마음을 다하는 것은 한 가지인 것이다. 사(士)는 정치를 연마하
고, 농(農)은 기르는 데 이바지하고, 공(工)은 도구를 다듬고, 상(商)은
재물을 유통시켰다. 각기 그 자질과 능력에 따라 나아가 그것을 업으
로 하여 마음을 다하였으니, 그 귀결이 사람을 살리는 길[生人之道]에

18) 이에 대해서는 최재목, 「'자연'에 대한 왕양명의 시선 」, 『중국철학 – 한국지식지
　형도 · 5』, 이동철, 이승환 엮음, (서울: 책세상, 2007)을 참조.
19) 『霞谷集』권2, 「書」(三), 「與崔汝和論親民書」: 親民之若治平如其誤者. 卽其誤當自
　孔子. 不可以罪陽明也.
20) 『霞谷集』권2, 「書」(三), 「答崔汝和書」癸酉或疑甲戌: 親民而至明明德於天下 則其
　體用本末之全 孰有大於是者乎.

유익하게 하고자 함에 있었던 것은 매 한가지였다. (중략) 그러므로 사민은 업은 달리해도 도는 같이 한다.[21]

'사민(四民)'(사농공상)의 '분(分)'은 기능적으로 서로 다를 뿐 사회적인 면에서는 유기적인 관계를 맺고 있다고 본. 따라서 이것은 주자학의 신분관과 다르다. 이런 관점은 정제두에게도 기본적으로 수용된다. 정제두는 「정사농공상(定士農工商)」에 대한 설명에서

상고(商賈)는 서울의 시장과 같이 한다. 각 관(官)은 모두 세를 거둔다. 외읍(外邑)에는 시정을 세운다. 주내(州內)에는 공사(工肆)를 설치한다.[22]

라고 하여 사민분업체계를 염두에 두고 있었음을 알 수 있다.

기구(機具)에는 기강(紀綱) · 예악(禮樂) · 제도(制度) · 병형(兵刑)의 용(用)이 있는 것이며, 그 일하는 것에도 문장(文章) · 정사(政事) · 농상(農商) · 도야(陶冶)의 기술이 있는 것이지만, 그 하는 일의 근본은 한가지이다.[23]

---

21) 『陽明全書』권25, 「節庵方公墓表」: 古者四民異業而同道 其盡心焉一也 士以修治 農以具養 工以利器 商以通貨 各就其資之所近 力之所及者 而業焉 以求盡其心 其 歸要在有益於生人之道 則一而已 故曰 四民異業而同道.
22) 『霞谷集』권 22, 「箚錄」(五), 「定士農工商」: 商賈如京市井 各官皆有收稅 工匠亦設 肆收稅. 外邑立市井 州內設工肆.
23) 『霞谷集』권8, 「學變」: 其具有紀綱禮樂制度兵制之用 則其所業有文章政事農商陶 治之技 其所爲之本 則一教也

그는 한가롭게 놀고 실무에 임하지 않고 뒤로 물러나 쟁론을 일삼는[閑遊退議]는 자나 '앉아서 먹기만 하는 사람[坐食之人]'을 없애야 한다고 하였다. 정제두는 「정사민업(定士民業)」즉 사(士)와 민(民)의 직업을 정하는 데에서 「재예(才藝), 기술(技術), 공장(工匠), 관리(官吏), 위사(衛士), 조례(皁隷), 상고(商賈), 난업(難業), 공사(空士) 등으로 나누고, 그에 따라 규정하고 있다.

재예(才藝)(文詞와 律翰, 武勇과 馳射), 기술(技術)(醫藥 · 卜筮 · 天文 · 地理 · 方術), 공장(工匠) 등은 그가 원하는 바에 따라 재능을 취하여(取才) 잘하는 자는 부서를 정하여 급료를 준다.

선사관리(選士官吏)(사람을 가려 쓴다), 위사(衛士)(근위병으로 쓴다)들도 부서를 정하여 급료를 준다.

조례(皁隷)(원하는 바에 따른다), 관노비(게으르거나 일을 하지 않는 자 혹은 죄를 지은 자는 노비로 만든다. 혹 관에 있거나 사대부에 나눠주더라도 그 당대에 그친다)

상고(商賈)(壓으로써 억누른다), 잡업(雜業)(船人 · 漁夫 · 山尺 · 牧子)모두 스스로 원하는 바에 따라 업(業)을 나눠 세금을 거둔다.

공사(空士)(대개 지난 날의 조정관리, 蔭子孫, 資級은 있고 폄하를 당하지 않은 자로 選士官吏에 많이 들어간 자 및 各藝로써 무능하여 편입되기를 원하지 않는 자는 역시 우대하여 준다. 직역으로 공민(空民)을 만들지 말고 지금부터 (공민에) 다시 들어가지 못하게 하니 40년 후에는 드디어 이러한 부류는 없게 된다).

이상에 속하지 않은 자는 모두 농민이 된다.

비록 사족이라도 일정한 업이 없고 노비가 없으면 농민이 된다.

노비 및 공사(空士)가 다 없어지면 직분을 갖지 않는 양반도 없게 된다.

사족은 별도로 족보를 만들어 관서에 보관하고 종법(宗法)에 따른다.

농사에 돌아가기를 원하는 자는 관전(官田)을 지급하여 병작을 준다.[24]


이러한 분류는, 먼저 사(士) 계층을 보다 전문화된 직업분류로 나누어 다루고 있다는 점이특징이다. 위에서 보듯이 관료체제나 행정체계에 관련된 사항을 다루어 사(士) 계층의 전문성을 높일 것과 공업에 관련된 사항을 다루고 있다. 아울러 그는 공사(空士)를 설정해 이들에 대한 대책을 마련하고 있다. 백성들은 각자의 생업(生業)에 종사함을 기본으로 하고, 그 생업이 없는 자는 당연히 농업에 종사 하도록 한다. 이것은 사족(士族)에도 예외 없이 적용되었다.[25]

---

24) 『霞谷集』권22 「箚錄」(四), 「定士民業」: ①才藝. 文詞筆翰武勇馳射 技術. 醫藥卜筮天文地理方術 工匠. 隨其自願取才. 能者入屬. 分番給料. ②選士官吏. 擇入用薦衛士. 用近兵 分屬給料. ③皁隸 從願 官奴婢. 取惰不勤業者作罪者爲奴婢. 或在官或分給士大夫. 皆止其身. ④商賈. 塵以抑之 雜業. 船人漁夫山尺牧子 皆從自願定限. 分業納稅. ⑤空士. 蓋舊日朝官有蔭. 子孫有資級. 不當貶者. 多入於選士官吏及各藝. 而其能不願入者. 亦優待之. 置之勿役. 以爲空民. 自今不復加入. 四十年後此屬逾無. 不屬於已上者. 皆爲農民. 雖士族. 無所業無奴婢則爲農. 奴婢及空士旣盡之後. 無無官兩班. 無貴賤適庶之分. 庶孼本家極嚴. 而他人無異. 士族別作譜籍藏官. 署用宗法. 士族之無奴婢者. 以紡績之工. 酒草之利給之. 使布帛皆出其肆. 使他民不得爭利. 願歸農者給官田並作.'

25) 박경안, 「霞谷 鄭齊斗의 經世論」, 『學林』10. (연세대학교 사학연구회, 1988), 173쪽 참조.

## 7. 양반제 폐지(罷兩班 · 消兩班)와 붕당정치 타파

위에서 정제두의 평등한 인간관을 엿볼 수 있었는데, 당시의 여러 제도들에 대해서도 이의를 제기하고 있다.

관직에 등용되는 길을 좁히고 어진 이를 택하여 오랫동안 재직하게 하고 벼슬을 대대로 전하지 못하도록 한다. 인재를 취함(取才)에는 소속이 있고 음사가 있다. 속리(屬吏)의 나머지는 모두 백성으로 돌아가게 하여 헛되이 노는 자가 없도록 한다. 그렇게 한다면 한전제(限田制)의 법은 길쌈의 이익을 줄 것이고 관전(官田)을 주어 병작(幷作)을 하게 하는 것도 시행하지 않을 수 없을 것이며 개가(改嫁)에 관한 법도 고쳐야 할 것이다.[26]

그리고, 그는 '양반제도를 폐지할 것'(罷兩班/消兩班)을 주장하고 있다.

양반을 없애자.[27]

서천(庶賤)은 점차 통용하고 양반은 대대로 직임을 맡지 않도록 하여 양반(兩班)이나 서민(庶民)의 구별이 없게 한다. 이사(吏士)를 각

---

26) 『霞谷集』권22,「箚錄」(五),「消兩班」: 狹官路擇賢久任使無世爵 取才 有所屬 屬吏 餘皆歸民 無空遊之士然則限田制之法 授紡績之利 給官田之幷作不可不行 改嫁之 法不可已.

27) 『霞谷集』권22,「箚錄」(四),「絶罷私賤所生」: 消兩班.
『霞谷集』권22,「箚錄」(五),「消兩班」.

직임에 두어 양반의 도에 처하게 한다.[28]

즉 양반을 없애는 방법은 우선 관로(官路)를 좁혀 어진 이를 택하여 오랫동안 재임 하도록 하며 동시에 대대로 전하지 못하도록 한다는 것이다. 그리고 관직에 있지 않은 양반(空士, 坐食之人)의 경우에는 농사를 짓게 하는 것이다. 이와 같이 하면 30년이면 붕당(朋黨)이 드물어지고, 50년이 지나면 붕당이 소멸되는 것과 같이 양반도 소멸된다고 하였다.[29]

정제두는 당시 현실정치에서 붕당의 폐해에 대해 잘 알고 있었다. 그는 당시 붕당의 형태에 대해 비판적인 언급한다.

군자의 싸움은 오직 그 의리를 위한 것이요, 세력의 강하고 약함으로써 전할 것은 아닙니다. 그러면 군자로서 두려워 할 것은 그 의리에 어긋나는 일이 백세 후에 까지 전할까 두려워할 따름이요, 어찌 성세(聲勢)로써 서로 겨루려 해서야 되겠습니까. (중략) 대개 편당(偏黨)이 있으므로 해서 이런 풍습이 이루어져 이름난 대신이나 큰 선비들 간에도 혹 이것을 면치 못하는 이가 있고, 오늘날에 이르러서는 당연히 그래야 하는 것으로 알고 있습니다.[30]

28) 『霞谷集』권22, 「箚錄」(五): 庶賤漸通用 兩班多不世任 使無兩班庶人 而置吏士各藝業之任 處兩班之道也.
29) 『霞谷集』권22, 「箚錄」(五): 消奴婢 消空士 (無閑遊浪意 無兼幷坐食之人) 三十年稀 五十年盡消朋黨 兩班之限由此.
30) 『霞谷集』권1, 「書」(一), 「上朴南溪書」(甲子): 但君子之爭 惟其義理 非以己私也 公論之定 在於是非 非以强弱也 然則君子之所懼者 懼義理之域乖於百世而已 (중략) 蓋自有偏黨 此風因以成效 名臣鴻儒間或不免於是 而至於今習之爲當然.

결국 그는 붕당이 없어져야 할 것으로 인식하였는데, 그 방법은 탕평(蕩平)이었다.

## 8. 실학과 변통론(變通論)

심즉리설을 바탕으로 의내설(義內說)에 철저했다. 다시 말해서 내면화된 의(義)의 판단에 따라 예와 권의 실천 방법을 결정하게 되므로, 궁극적으로 변통(變通)과 통하게 된다. 그 논리적 가능성은 실제 현실문제에 대한 그의 견해에서 구체적으로 나타났다.[31]

일찍이 정인보는 정제두를 허(虛)와 실(實)을 명석하게 분변하여 양지를 근거로 실을 세우는 일에 초점을 맞추어 경세론에서는 무조건 보수적인 면에 집착하기보다는 시세(時勢)의 변통(變通)과 변법(變法)에 능하였다고 평한 바 있다.[32]

정제두는 영조에게 정치의 요체는 이론에 있는 것이 아니고 실덕(實德)을 쌓아 실사(實事)에 임하는 것임을 다음과 같이 밝히고 있다.

> 오늘날 의논한 바가 비록 천 마디 만 마디의 말일지라도 실덕(實德)
> 에 힘쓰지 않으신다면 모두 글로만 남을 뿐이니 오로지 묵묵히 이루고
> 말하지 않아도 믿는 것 뿐입니다.[33]

---

31) 이에 대해서는 박경안, 「霞谷 鄭齊斗의 經世論」, 『學林』10. (연세대학교 사학연구회, 1988) 참조하였다.
32) 鄭寅普, 『陽明學演論(外)』, (서울: 삼성문화재단, 1975), 169쪽.
33) 『霞谷集』권10, 「行狀」: 今日所論雖千言萬語. 若不務實德. 盡歸文具. 唯默而成之. 不言而信而已矣.

마찬가지로 정제두가 현실에 임하는 자세는

> 모든 일은 때에 따라서 변통(變通)할 것이요, 관대하게 하거나 무섭
> 게 하거나 간에 미리 요량할 수는 없는 것이오니, 마땅히 두서(頭緖)를
> 보아서 이에 대처하여야 할 것입니다.[34]

라고 한 것처럼 '일에 따른 변통(變通)'이었다.

## 9. 「화이일야(華夷一也)」론

이러한 변통론은 그의 외교철학에도 여전히 적용된다. 당시 주자
학파에서 '존주대의(尊周大義)'의 명분론을 내세워 한결같이 '존중화
(尊中華)·양이적(攘夷狄)'론을 제시하고 '숭명배청(崇明排淸)'론이
주류를 이루고 있을 때 정제두는 당시 명분만을 숭상하다가 허虛와
가假가 판을 치게 된 상황에 불만을 토로하고 '실(實)'을 추구해야 한
다는 주장을 폈다. 즉,

> 비록 오랑캐의 나라라도 능히 선왕先王의 예(禮)를 행할 수 있다면
> 또한 배울 만한 것이 있다고 본다.[35]

---

34) 『霞谷集』권5, 「筵奏」(戊申 四月初三日未時): 凡事. 當隨時應變. 寬猛之間. 不可預
料. 當觀頭緒而處之矣.
35) 『霞谷集』권3, 「書」(三), 「答閔彦暉書」: 雖夷狄之國. 能行先王之典禮. 亦可以出矣.

정제두는 오랑캐라 하더라도 인간인 이상 당연히 양지(良知)를 지니고 있으며, 양지가 가리어지지 않고 제대로 드러낼 수만 있다면 교류가 가능하다고 본 것이다. 따라서 배타적 입장이 아니라 오히려 주체적 입장에서 대등한 외교관계를 맺을 수 있다고 생각한 것이다.[36)]

## 10. 나오는 말

이상에서 하곡 정제두의 사회사상을 살펴보았다. 종래의 조선 양명학 연구에서 주로 철학사상에 치중하여 사회사상을 소홀히 해 왔지만, 실제 조선의 양명학파에는 그 나름의 사회사상 풍부히 들어 있다.

조선양명학파는 현실의 변화를 존중하고, 그것을 주체적으로 수시변통(隨時變通), 수시응변(隨時應變)해 갈 것을 주장하는 실학적 태도로 일관한다. 정제두는 실심(實心) · 실학(實學)의 사회사상을 바탕으로 이미 정해진 원리를 현실에 적용하는 것이 아니라 변화에 발맞춰 주체의 판단에 따라 적극 대응해가고자 했다.

아울러 하곡은 「사민평등론」 · 「화이일야(華夷一也)」론을 주장하였다. 이것은 왕양명의 만물일체론이나 사민평등론, 친민론에 기반한 것으로 인간 · 사물에 대한 개방적 태도를 보여준다.

그리고, 하곡은 모든 절차에서 겉치레를 하지 않고 간소함에 따르는 이른바 '간례(簡禮)'의 원칙에 따르고자 하였다.

---

36) 김교빈, 『양명학자 정제두의 철학사상』, (서울: 한길사, 1995), 201쪽 참조.

# Ⅶ. 하곡의 양명학 사상과 동아시아 근대사상

## 1. 들어가는 말

왕양명(王陽明. 1472-1528)에서 단서를 연 양명학은 동아시아 세 지역(한국 · 중국 · 일본)에서, 각 지역의 마음, 에토스와 만나면서 특징 있게 전개된다. 한국의 양명학은 사실 하곡이 그 핵심이거나 전부라고 할 정도로 많은 부분을 차지하고 있다. 다시 말해서 하곡은 그 이전의 양명학에서 보여주지 못했던, 양명학에 대한 폭넓고도 체계적인 연구, 그리고 양명학적 입장에서 행한 경전 해석 등을 통해서 한국 양명학을 집대성하였다.

뿐만 아니라 하곡의 양명학은 그가 강화도에 은거함으로써 시작되는, 이른바 '강화학파(江華學派)'에 의해 전승된다. 강화학파는, 동아시아의 학술사 속에서 한국의 유학사상을 조망할 경우, 조선시대의 영남학파, 기호학파에 맞설만한 또 하나의 학파이다. 이 강화학파는 한국의 근대사상계에, 외국으로부터 들어오는 근대 학술과 양명학의 영향과도 상호소통을 하면서 전개된다. 다시 말해서 하곡학을 모본으로 하면서도, 예컨대 위당 정인보의 그것에서 보여지듯, 근대와 호흡하며 연결시켜간다. 이것은 동아시아 근대사상 속에 두고 볼 때도 큰 특징이 있다. 아울러 하곡은, 그의 「양지체용도(良知體用圖)」등에서 보여주듯, 양명학을 한국의 지형(知形)에 맞게 새롭게 해석함으로써 동아시아의 양명학사에서도 새로운 이정표를 마련하고 있다.

　하곡의 사상, 그리고 그의 사상을 계승하는 강화학파는 근현대기 양명학을 계승하는 한국의 지식인들에게 유전되어 한국의 사상, 국학, 문예 등의 개화에 자양분을 제공하기에 충분했다. 이것은 중국이나 일본의 양명학파의 전개와 비교를 해볼 경우에도 유사한 면을 지니긴 하지만 일제강점기 등 한국이 처한 근대의 상황 때문에 나름대로 독특한 면모를 지니게 된다. 예컨대 한국 근대 양명학은, 강화학파(江華學派)의 전통양명학 계승 외에 일본(혹은 중국)으로부터 유입되는 해외 '근대양명학(近代陽明學)'의 영향이 있었다. 다시 말해서 국내 양명학의 저류에 해외양명학의 수혈(輸血)로 이른바 '한국 근대양명학'이 성립하는데, 그 '정초기'에 겸곡(謙谷) 박은식(朴殷植. 1895~1925), '기획기'에 육당(六堂) 최남선(崔南善. 1890~1957), '완성기'에 위당(爲堂)[1] 정인보(鄭寅普. 1892~1950 拉北)가 위치한다.[2] 어쨌든 하곡의 양명학은 한국 근대의 사상사의 지형도 내지 풍

---

1) 이외에 薝園 등의 호가 있다.
2) 지금까지 본인이 이러한 맥락에 관심을 두고 연구해 온 관련 논문은 다음과 같다:
　① 박은식 관련
　・崔在穆,「朴殷植의 陽明學과 近代 日本陽明學과의 관련성」,『日本文化研究』第13輯, (동아시아일본학회, 2005年).
　・＿＿＿,「한일간 양명학적 知 교류의 한 형태-朴殷植의『王陽明先生實記』와 高

경을 탄생시키는데 매우 큰 역할을 했으며, 이 글에서는 이 점을 부각
시키고자 한다.

이 글에서는 하곡 정제두의 양명학 사상을 동아시아 근대사상과의
연관 속에서 조망해보는 것인데, 주로 하곡의 양명학 사상이 한국에
근대에 전승될 요인이나 시사점, 나아가서는 그것이 동아시아의 근대
기에 갖는 차별성에 초점을 맞추고자 한다.[3] 아래에서는 〈하곡 정제

瀨武次郎의 『王陽明詳傳』을 중심으로」, 『與東亞近代哲學的轉形: 중화일본철학
회국제학술회의논문집』, (연길: 연변대, 2005. 8. 6).

• _____, 「박은식과 근대 일본 양명학과의 관련성」, 『日本思想』제8호, (한국일본
사상사학회, 2004年).

② (박은식에게 많은 영향을 준) 高瀨武次郎 관련

• _____, 「高瀨武次郎의 『王陽明詳傳』에 대하여」, 『동아시아 일본학회 2006년도
춘계학술대회발표집』, (세종대, 2006. 5. 6)

• _____, 「高瀨武次郎의 『王陽明詳傳』에 대하여」, 『日本語文學』34집, (일본어문
학회, 2006).

③ 최남선 관련

• 崔在穆, 「崔南善 『少年』誌의 '新大韓의 少年' 기획에 대하여」, 『日本文化研究』제
11집, 동아시아일본학회, 2006年.

• _____, 「崔南善 『少年』誌에 나타난 陽明學 및 近代日本陽明學 - '近代韓國陽明
學'의 萌芽期 企劃期의 한 양상 - 」, 『日本語文學』제32집, 일본어문학회, 2006.

④ 정인보 관련

• 崔在穆, 「在鄭寅普陽明學演論中的黃宗羲與明儒學案理解」, 『浙江省社會科學院
中共餘姚市委 餘姚市人民政府〉 共同主催 '黃宗羲民本思想國際學術研討會' 論
文集』, (中國: 浙江省 餘姚, 2006. 4. 3).

• _____, 「鄭寅普의 『陽明學演論』에 나타난 黃宗羲 및 『明儒學案』 理解」, 『제 13
회 하곡학 국제학술대회: 하곡과 한국 양명학의 전개』, 한국양명학회, 2006.

• _____, 「鄭寅普 『陽明學演論』에 나타난 王龍溪 이해 - '근대한국양명학' 領有
양상에 대한 한 시론 - 」, 『陽明學』제16호, 한국양명학회, 2006.

• _____, 「鄭寅普의 『陽明學演論』에 나타난 黃宗羲 및 『明儒學案』 理解」, 『제 13
회 하곡학 국제학술대회: 하곡과 한국 양명학의 전개』, 한국양명학회, 2006.

• _____, 「鄭寅普의 陽明學 이해 - 『陽明學演論』에 나타난 黃宗羲 및 『明儒學案』
이해를 중심으로 - 」, 『陽明學』제17호, 한국양명학회, 2006.

3) 이 논문은 다음의 연구를 많이 참고하여 정리하면서 수정 보완하였음을 밝혀둔다.

두의 양명학 사상과 그 특징〉, 〈하곡 정제두의 사상과 강화학파〉, 〈하곡사상과 동아시아 근대사상과의 연계성〉의 순서로 서술할 것이다.


## 2. 하곡의 양명학 사상과 그 특징

### 1) 하곡의 생애와 저술

하곡의 양명학 사상에 들어가기에 앞서 그의 생애와 저술에 대해 간략하게 요약을 해두기로 한다.

하곡은, 초년의 「경거기」(京居期. 출생~40세까지)와 중년의 「안산기」(安山期. 41세~60세까지)를 거쳐, 61세(숙종 36, 1709년) 8월 안산에서 강화도 하일리로 이거(移居)하고서[4] 이른바 만년의 「강화기」(江華期. 61세~88세 서거까지)에는 그곳(강화도)을 거점으로 저술

---

- 崔在穆, 「동아시아에 있어서 양명학 전개의 한 양상 - 鄭霞谷과 中江藤樹의 〈致良知〉해석을 중심으로-」, 『철학논총』제9집, (영남철학회 1993)
- _____, 「양명학의 한국적 변용 : 하곡(霞谷) 양명학 사상의 동아시아적 위치」, 『철학논총』제10집, (영남철학회, 1994)
- _____, 「하곡 양명학의 특질에 대한 비교론적 조명」, 『유학연구』제3집, (충남대학교부설유학연구소, 1995)
- _____, 「한국에서의 양명학 연구성과의 회고와 전망」, 『중국학보』제38집, (한국중국학회, 1998)
- _____, 「하곡 정제두의 자연학에 대한 예비적 고찰」, 『양명학』제6호, (한국양명학회, 2001)
- _____, 「강화 양명학파 연구의 방향과 과제」, 《충남대학교 유학연구소 학술발표회: 명재가학 및 양명학 연구의 현황과 전망》, (충남대학교 유학연구소, 2004)

4) 『霞谷全書』(서울: 여강출판사, 1988)上, 「연보」61세조, 322쪽 참조.

과 강학을 시작한다.

이후, 당대의 세파를 피하여 1710년 이주해 온 전주이씨(全州李氏) 가문 정종(定宗)의 별자(別子) 덕천군파(德泉君派) 후손[5]인 이광명 (李匡明)이 하곡의 최초의 제자가 되고, 그의 직계손들을 중심축으로 구한말의 이건창(李建昌)·이건승(李建昇), 이건방(李建芳)으로 연 결되며, 여기서 다시 정인보(鄭寅普)로 학문이 전승된다.[6] 이렇게 하 곡과 이광명의 사승관계, 혼맥관계 등으로 학파적 기초가 형성되어 「강화학파(江華學派)」가 전개되어 갔던 것이다. 이 맥락은 곧 근대 한국 사상사의 지형도를 만들어 내는 하나의 주요한 축이 된다.

하곡의 저술을 살펴보면, 그는 「아주 광범위한 학설을 세워서 양명 의 문하에서도 미치지 못할 대저(大著)를 남긴 사람」[7]이라고 평가된 다. 그가 남긴 저술은 현재 『하곡전집(霞谷全集)』 상·하 2권[8] 속에 온전히 수록되어 있다. 그 대부분은 41세 이후에 이루어진 것들이다. 그의 대표적인 저술로서 양명학적 입장으로 일관하는 「학변(學辨)」 과 「존언(存言)」[9]의 대체적인 틀이 안산 시기에 만들어지며, 「심경집 의(心經集義)」, 「경학집록(經學集錄)」, 「중용설(中庸說)」 등은 강화

---

5) 이들 王孫은 詩文, 書畵 등 文才에 뛰어났다.(구체적인 것은 박연수, 『양명학의 이 해: 양명학과 한국 양명학』, (서울: 집문당, 1999), 291~292쪽 참조 바람).

6) 서경숙, 「초기 강화학파의 양명학에 관한 연구」, (성균관대학교 대학원 박사학위논 문, 2001), 29쪽, 281쪽 참조.

7) 鄭寅普, 『陽明學演論』, 삼성문화문고 11, (서울: 삼성문화재단, 1972), 163쪽.

8) 鄭齊斗, 『霞谷全集』(서울: 여강출판사, 1988). 이에 대한 한글 번역은 『國譯 霞谷 集』1·2, 윤남한 옮김, (서울: 민족문화추진회, 1972)이 있다.

9) 이 「存言」은 상·중·하 3편이다. 이것은 왕양명의 「傳習錄」 상·중·하 3편에 필 적하는 것으로 간주된다.(柳承國, 「鄭齊斗—陽明學의 泰斗」, 『韓國의 人間像』(4) (서울: 新丘文化社, 1966), 280쪽 참조).

시기에 저술되었다.[10] 이러한 저술들을 통해서 보면 그의 학문의 중점
은 초년의 정주설(程朱說)에서 중년의 왕학설(王學說)로, 그리고 만
년의 예설(禮說), 복제설(服制說), 천문(天文), 성력(星曆), 기수론(氣
數論) 및 경세론(經世論) 등으로 달라져 가는 것을 알 수 있다.[11]

## 2) 하곡 양명학 사상의 특징

### (1) 양지(良知)의 '체용론적(體用論的)' 이해

하곡의 양명학에서 가장 특징적인 것을 들라고 하면 그의 양지 해
석의 독창성이다. 그의 양지 해석이 잘 드러나 있는 것은 다름 아닌
그의 유명한 「양지체용도(良知體用圖)」이다.

---

10) 尹南漢, 『조선시대의 양명학연구』 (서울: 집문당, 1982), 37~38쪽 참조. 정제두의
    저술에 대한 총괄적 이해는 같은 책의 231~353쪽을 참조 바람.
11) 尹南漢, 『조선시대의 양명학연구』 (서울: 집문당, 1982), 226쪽 참조.
    이 내용을 도표화하면 다음과 같다.(이에 대한 것은 崔在穆, 「하곡 정제두의 자연
    학에 대한 예비적 고찰」, 『양명학』제6호, (한국양명학회, 2001), 82~85쪽 참조).

| 하곡의 생애 및 학문의 변화 과정 | | |
|---|---|---|
| 내용 \ 시기 | 초년 | 중년 | 만년 |
| 생애의 삼변 | 京居期(출생~40세까지) | 安山期 (41세~60세까지) | 江華期 (61세~88세 서거까지) |
| 학문의 삼변 | 程朱說期 | 王學說期 | 禮說 · 服制說, 天文 · 星曆, 氣數論 · 經世論期 |
| 비 고 | | • 王學으로의 轉化期: 24세~33세<br>• 王學의 表明 및 專治期: 34세~ | • 왕학의 병폐 지적(83세)<br>• 朱 · 王學의 연계 혹은 程朱學으로의 회귀(?) |

　하곡이 양지를 체용론적으로 이해한 것은, 간단히 말해서 당시 주자학자들의 양명학(그 중에서도 양지(良知)설 비판)과 그에 대한 변론을 통해서 제기되어 완성된 것이다.

　요컨대 하곡은 정주학과 양명학이 내용상 다르다는 점은 인정하나, 주자학은 '만수(萬殊)＝말(末)에서 일체(一體)＝본(本)으로' 가는 데 반해 양명학은 '일본(一本)＝본(本)에서 만수(萬殊)＝말(末)로' 가는 이론 구성을 하고 있어 근본 취지에서는 양자 사이에 큰 차이가 없다고 지적하였다.[12] 이렇게 하곡은 비록 정주학과는 같지 아니하지만

12) 하곡은 「주자는 뭇 사람들이 (곧바로) 하나의 본체 되는 곳[一體處]을 얻음이 능치 못한 데서 길을 잡았으므로 그 설이 먼저 만 가지로 갈라진 곳[萬殊處]으로부터 들어갔고, 양명은 성인의 근본인 하나의 본체 되는 곳[一體處]에서 길을 잡았으므로 그 학문은 하나의 근본 되는 곳[一本處]으로부터 들어갔다. 하나는 끝에서 근본으로 가고[自末而之本], 하나는 근본에서 끝으로 간[自本而之末] 것이다. 이것이 그 서로 갈라지는 바이다.
그 하나만을 주로 하고 다른 하나는 없애는 것이 아니라면 둘 다 마찬가지일 것이다. 잘 배우지 못한다면 이 두 가지의 폐단 역시 모두 없을 수 없고, 만약 두 파의 학문을 잘 이용한다면 역시 같은 한 가지 길로 돌아가 크게 서로 멀어지지 않을 수도 있는 것이다.(『霞谷全集』上, 「答閔彦暉書」: 蓋朱子自其衆人之不能一體處爲道, 故其說先從萬殊處入, 陽明自其聖人之本自一體處爲道, 故其學自其一本處入, 其或自末而之本, 或自本而之末, 此其所由分myeong, 其非有所主一而廢一則俱是同然耳, 使其不善學之, 則斯二者之弊, 正亦俱不能無者, 而如其善用二家, 亦自有同歸之理, 終無大相遠者矣.")」라고 주자학과 양명학의 이론 구성에 보이는 특질을 개괄하고 있다.
나아가서 그는, 「이른바 王氏의 설도 역시 나름으로 본원이 있습니다. 비록 程朱와는 같지 아니하나 그 본지[指]는 정주와 다를 것이 없습니다. 그러나 한 두 가지 점에서 자세히 살펴보아야 할 것이 있습니다. …수백 년간 여러 선비들이 분분하게 말이 많았던 것도 실로 이 때문입니다.」(『霞谷全集』上, 「答尹明齋書(壬午)」: 所謂王氏之說, 亦自有本源, 雖云不同於程朱, 其指則固是一程朱也, 然於其一二之間, 容不得不審察者, 此所以難言直棄, 亦難於爲說, 數百年間, 凡諸儒紛紛實以此也)라고 말한다.
위 내용을 요약하면 다음과 같다.

정주학과 다를 것이 없는 양명학의 '본지'를 규명하여 종래 분분했던 의혹을 풀고자 하였다. 특히 그는 양명학에 대해 적지 않은 편견과 오해를 가지고 있던 민성재(閔誠齋. 이름은 以升. 誠齋는 호)와 많은 논변을 벌였다. 하곡은 그 과정에서 「심성의 취지에 대해서는 아마도 왕문성(王文成. 양명)의 학설을 바꿀 수 없을 것」[13]이라는 확고한 입장에 서서 자신의 양명학관을 피력하였다. 다시 말해서 하곡은 「'양지'라는 말은 『맹자』에서 나왔지만, 그(良知) 설의 유래는 『대학』의 치지(致知)로, 그 내용은 바로 명덕(明德)이다」[14]라고 하여 양지·치양지론이 원래 어디에 근거하고 있는지를 논하는 등 양지라는 것이 왕양명이 만년에 자신의 전체험을 집약하여 형성한 궁극적인 개념이라는 것을 밝히고자 하였다.

이에 대해 민성재는 「양지의 학문은 심과 성과 천을 모르는 것」[15]이라 하거나, 「양지밖에 따로 한 층의 성명(性命)의 원두(源頭)가 있

| 一本 · 一體 | | | |
|---|---|---|---|
| 本(=上達) | | | |
| 주자 | ↑ | ↓ | 양명 |
| 萬殊 | | | |
| 末(=下學) | | | |

이러한 내용을 토대로 하곡의 학문이 주자학과 양명학의 연계를 도모한 학문이라는 관점도 가능해진다.(尹南漢, 『조선시대의 양명학연구』, (집문당, 1982)의 논지를 참조할 것)

13) 『霞谷集』上,「擬上朴南溪書」：心性之旨, 王文成說, 恐不可易也.
14) 『霞谷集』上,「答閔彦暉書」：且良知者, 其文孟子其說, 卽大學致知, 而實明德是也.
15) 『霞谷集』上,「答朴南溪書(戊辰)」：良知之學, 不知心也性也天也.

다」[16]고 하여, 양지를 궁극적인 개념으로 간주하지 않았다. 더욱이, 민성재는 「양지는 체(體)가 아닌 용(用)」이라고 보았을 뿐 아니라[17] 양지를 근본되는 본령으로 간주하지도 않았다.[18] 민성재의 관점에 대해 하곡은 「양지의 설은 지각의 측면만 가지고 말할 수 없다」[19]고 하고, 또 「'지(知)'자가 지각(知覺)과 같다는 것만 보고 그 '양(良)'자가 성의 체(性體)가 됨을 알지 못하니, 어찌 양지의 설을 이미 알았다고 이를 수 있는가?」[20]라고 지적하였다. 하곡은 민이승의 입장은 「마치 나정암(羅整庵)이 양명의 '양지를 천리라 하는 설'에 대해 『양지는 우리 마음의 지각이다. 어찌 천리라고 할 수 있는가?』라고 비판하여 천리와 양지를 실체(實體)와 묘용(妙用)으로 갈라 보는 것과 같다」[21]고 보고 있다. 하곡은 왕양명이 「양지는 이 마음의 본체요, 마음의 본체는 곧 천리」라고 한 말을 인용하고 나서, 「어찌 유독 그 '지식'이라는 한 대목만 가지고서 (양지에) 해당시키겠는가?」라 하여 민성재의 양지 이해가 편협하였음을 지적하였다.[22] 논변의 과정에서 민성재는 하곡에게 「양지도(良知圖)」를 그려 보낸다. 현재 이 민성재의 양지도는

16) 『霞谷集』上, 「答朴南溪書(戊辰)」: 良知之外, 別有一層性命源頭.
17) 『霞谷集』上, 「答閔彦暉書」: 必以爲明德體良知用也.
18) 『霞谷集』上, 「答閔彦暉書」: 良知良能則非本領根極.
19) 『霞谷集』上, 「答閔彦暉書」: 其所謂良知之說, 不可只以知覺一端言之也.
20) 『霞谷集』上, 「答閔彦暉書」: 且只看其知字之爲同於知覺, 而不見其良字之爲性體, 其可謂已見良知之說者乎.
21) 『霞谷集』上, 「與閔彦暉論辨言正術書」: 昔羅整庵亦嘗以陽明良知卽所謂天理之說爲非而辨之, 其意槪曰, 天理者人性之所具也, 良知者吾心之知覺也, 何足以良知爲天理, 以天理與良知謂之有實體妙用之分矣, 今來論之說良知, 正與此略同矣.
22) 『霞谷集』上, 「答閔誠齋書」: 良知蓋亦狀其本心體段而爲言爾, 其實不過卽亦心之天理而已, 故其書曰良知是心之本體, 心之體卽天理之謂, 豈獨以其知識一節而當之也.

어떤 것이었는지 분명하지 않지만, 하곡은 민이승의 이 「양지도」가 왕양명의 본의와 맞지 않는 바가 있다고 보고, 자기 견해에 입각해서 수정한 그림을 그에게 다시 보냈다.[23] 정하곡이 민이승에게 다시 그려 보낸 '양지도'는 양지를 체와 용으로 구분하여 설명하고 있다 하여 일반적으로 「양지체용도」라고 부르며, 여기에서 하곡이 양지를 체용론적으로 이해하고 있음을 알 수 있다.

하곡의 양지체용론은 중국 양명학이 지닌 문제점[24]을 들어 양명학을 공격하던 당시 주자학자들의 비판을 이론적으로 극복하려는 노력의 산물이었다. 다시 말해서 양지는 본체나 천리가 아니고 지각이라는 주자학자들의 비판에 맞서, 양지는 하나이지만 논리적으로 나누어서 말한다면 체[智]와 용[知覺]이 합일되어 있다고 상세히 논함으로써 그에 대한 반론을 마련하고자 하였던 것이다. 그 결과로 그는 양지란 체용이 합일된 것이라는 견해를 적극적으로 주장하게 되었다. 이점은 양지의 이해에서 체용론을 도입함으로써 통합 기능 강조의 효과를 가져왔으며, 동시에 이것은 양지가 「체와 용의 양면으로 구분된다」는 이른바 분석적 기능 그 자체도 부각시키는 결과를 가져 왔다. 따라서 정하곡의 이러한 점들은 양명학 전개사에서 실로 주목을 받기에 충분한 것이다. 정하곡 양명학이 다른 지역의 양명학과 구별되는 특징, 다시 말해 한국적 양명학의 지평을 여는 중요한 계기가 바로 이렇게 마련되었다. 이러한 하곡의 양지체용론은 양명학이 조선이라는

---

23) 『霞谷集』 上, 「答閔誠齋書(二)」 참조.
24) 예컨대 , 본체[心性]를 공담(空談)한다고 비판받는 양지현성론자(良知現成論者)들의 경전(經典) 경시 풍조와 본체(양지)를 완전한 것으로 용인하여 자기의 사사로운 욕망까지도 절대화하는 임정종욕(任情縱慾: 정욕에 맡겨 욕망을 제멋대로 발산하는) 경향 등을 말한다.

시공간에서 변용된 것을 보여주며, 따라서 동아시아의 양명학 전개에서 볼 때 다음과 같은 큰 의미를 갖는다.

첫째, 하곡은 중국과 일본에서 볼 수 없는 양지체용론을 체계적으로 수립하였다. 양명이 주자학의 이원론적 사색에 반대하여 일체론적(一體論的) 사색에 철저했다면, 하곡은 왕양명의 그 관점을 체용론에 의해 재해석(재검토)함으로써 체용(體用)이라는 개념적 틀이 갖는 '통합적 기능'과 동시에 그 '분석적 기능'을 선명히 부각시킬 수 있었다고 하겠다. 특히 하곡은 하나의 양지가 지닌 두 측면, 즉 본질적인 면, 현상적인 면을 이해하는데 있어, 그것의 '상호 계기적인 면[因果關係]', '상호 내포적인 면[感應關係]'을 불[火] 등의 비유를 통해서 설명하고 있다. 이렇게 해서 결과적으로 하곡에게서 체용이라는 논리는 인간의 심성(양지)은 물론 만물을 형이하와 형이상 혹은 동(動)과 정(靜)의 관계를 두 측면에서 균형 있게 파악하는 하나의 방법론이 된다. 다만, 여기서 간과해선 안 될 것은, 양명의 체용론이 '상호 순환적'이었던데 비한다면, 정하곡의 체용론은 그 분석적 기능의 개입에 의해 '체용의 상호순환성은 배제'되고 체는 체, 용은 용이어서 그 틀이 뒤섞이거나 뒤바뀌지 않고서 인과와 감응 관계가 이야기된다는 점이다. 그래서, 그의 성권 정권의 설명에서 보듯이, 성=체와 정=용이 선명히 자리를 잡게 된다. 여기서 하곡은 인간의 내면을 합리적으로 이해 · 해석하여, 감정(욕망)과 외부 사물로 인해 흔들림 없는 인간의 자율성 · 주체성 확보가 양명학의 체용론에 있음을 명확히 하고자 하였다.

## (2) 치양지(致良知)의 '치(致)'를 '지(至)'로 해석

하곡의 양명학을 거론할 경우 간과할 수 없는 것이 치양지(致良知)의 '치(致)' 해석이다. 즉 하곡의 '치' 해석은 일본 양명학의 개조인 나카에 토쥬(中江藤樹. 1608~1648)의 해석과 일치를 보여주고 있다. 즉 두 사람 모두 치양지의 치(致)를 「이르다[至]」로 읽고(해석하고) 있다.

다만 하곡의 경우 정확히 말하면 양지의 체(마음의 본체)에 이르는 것인데 반해 토오쥬는 양지를 아무런 조건이나 매개 없이 그대로 마음의 본체로 파악하고 있다.

우선 하곡의 『대학』 「치지(致知)」에 대한 주석을 통해 그의 해석적 특징을 살펴보자.

• 致는 至(이르다)이다. 知는 心의 본체이다. 至善이 發한 것이다 (致, 至也, 知者, 心之本體, 卽至善之發也).[25]

• 致는 至之[여기(=심의 본체)에 이르다. 이르러지다(다다르게 되다)]이다. 心의 본체의 知에 이르는 것이다.…본체의 知는 至善이며 不善함이 있지 않다(致者, 至之也, 致其心本體之知, …本體之知, 則至善焉, 無有不善).[26]

• 致는 至이다. 至之는 그 극진함을 다하는 것이다.…知는 心의 본

25) 『霞谷集』上.
26) 『霞谷集』上.

체이다. 이것은 良知의 밝음이다(致, 至也, 至之, 極其盡也, …知
者, 心之本體也, 是良知之昭明者也).[27]

즉 그는 「치(致)」를 「지(至)」로 「지(知)」를 「심지본체(心之本體)」로
파악한다. 여기서 하곡이 「지」를 바로 「양지」로 하지 않고 「심지본체」
로 한 것은 아마도 양지를 양지의 체(性=理, 心之體)와 양지의 용(情=
氣, 心之用)으로 나누어서 이해한 데에 기인한 것으로 보인다. 이렇게
보면 치양지는 단순히 양지에 이르는 것이 아닌 그 「마음의 본체의 지
(양지의 체)에 이르는」 것임을 알 수 있다. 그래서 해석[注]에서 하곡
은 본체의 지를 곧 '지선(至善)'이 발한 것'이라고 하였던 것이다.

하곡이 치양지의 '치'를 '지'로 해석한 것은 일본 양명학의 개조인
나카에 토쥬(中江藤樹)와도 유사하다. 나카에 토쥬는 일찍이 황상제
의 명(=天命)으로서의 성(性), 즉 인간 속에 내재하는 황상제의 분신
인 명덕(明德)[28]을 중심으로 해서 학문을 수립하고, 그 과정에서 양지
및 치양지를 도입하며 이에 구조적인 정착을 보게 된다. 토오쥬는 양
지 및 치양지를 도입하는 과정에서, 우선 왕양명 사상의 한 경향(본체
중시의 경향)을 계승하는 왕용계의 본체즉공부론(本體卽工夫論)인
현성양지설(現成良知說)을 수용하고(33세),[29] 그 후(37세)에 비로소
왕양명의 양지(및 치양지)론을 본격적으로 수용하여,[30] 또한 양지를

27) 『霞谷集』上.
28) 中江藤樹, 『藤樹先生全集』1(東京: 岩波書店, 昭和15)(이하 『藤樹集』) : 明德者上
帝之在人者.
29) 「연보」 33세조에 「冬王龍溪語錄ヲ得タリ. 始コレヲ讀トキ, 其觸發ウルコトノ多
キコトヲ悦ブ」(『藤樹集』5)라고 있다.
30) 「연보」 37세조에 「是年始テ陽明全集ヲ求得タリ. 讀デ甚ダ觸發印證スルコトノ多

명덕과 잘 결합시키고,[31] 대표적인 예로『대학해(大學解)』에서「치지 재격물(致知在格物)」의 훈고로서,「致는 至이다. 知는 良知이다(致ハ 至也. 知ハ良知ナリ)」(『藤樹集』2)라고 하는 바와 같이, 치지의 치(致) 를「지(至)」로 지를「양지」로 하여「치양지」를「양지에 이른다[致(= いた)ル]라는 훈독(=해석)을 통해서 그의 사상을 단적으로 표현하고 있다.

　그런데 이러한 경우 만약 그가「양지의 체에 이르고자」하면 할수록 양지의 체 즉 성[理]이 부각되고 그것은 결국 기존의 그의 성학의 체 계를 확인하는데 그치거나 혹은 거기에로 복귀하게 되어 사실상 치양 지론은 깊이 있고 독자적인 사상 영역을 확보하기에 어려울 수도 있 다. 이미 하곡은, 23세(顯宗 12년) 경[32]에 다음과 같이 말하고 있다.

　　나는 양명학을 봄에, 그 도가 간요하고 매우 정미(精)한 바가 있어서 　　마음 속 깊이 기뻐하고 이것을 좋아하였다. 그런데 신해년(辛亥年) 6

---

キコトヲ悅ブ」(『藤樹集』5)라고 있다. 그런데「연보」33세조에 보면「今歲性理會 通ヲ讀ミ…」라고 있는데,『性理會通』은 明代 鍾人傑 편저로 왕양명을 비롯하여 왕용계 등 양명학 관계 인물들의 글이 실려 있다. 토오쥬는 이것을 읽음으로써 부 분적·단편적으로 왕용계, 왕양명의 사상에 접했던 것으로 보인다.

31) 만약 하곡의 경우라면, 양지에도 '良知之體'와 '良知之用'이 있기 때문에 양지 를 곧바로 명덕과 연결시키지 않았을 것이다. 그런데 토오쥬는, 예를 들면 그의 33-34세경에 쓰여진『翁問答』의「下卷之本」(『藤樹集』3, 164쪽)에서 이미「人欲 のまよひふかき故に明德の良知くらければ」라고하여 양지를 명덕에 붙여서 쓰 고 있음을 볼 수 있다.

32) 종래의 연구에서 辛亥年을 하곡의 만년인 83세(英祖 7년)로 보아왔으나, 23세 (顯宗 12년)로 보는 것도 경우도 있다. 여기서는 23세로 보기로 한다. 이에 대한 논의는 崔在穆,「霞谷 鄭齊斗의 '致良知說의 弊'에 대한 재검토」,『陽明學』제15호, (한국양명학회, 2005.12)를 참고바람.

월, 동호(東湖)[33]에서 머물렀는데, 그 날 밤 꿈에서 마침 왕씨(王氏, 왕
양명)의 치양지의 학은 매우 정미하지만 대저 그 폐단은 혹시 임종정
욕(任情縱欲. 정에 맡기고 욕망을 마음대로 하는)의 걱정이 있다는 것
을 생각하게 되었다.

즉 하곡은 「임정종욕」의 「네 자는 참으로 왕학의 병」이라며 왕양명
의 치양지학을 비판하기에 이른다.[34] 물론 이 비판이 과연 왕양명을
겨냥한 것인지 혹은 그 후학들의 학문적 경향을 비판한 것인지는 아
니면 그 둘 다를 포함한 것인지 재검토해 보아야 할 것이다.[35]

어쨌든 하곡의 경우 치양지론이 체용적 이해를 함으로 해서 양지론
자체의 전면적인 부각이나 적극적 강조를 통해 이른바 중국의 양지현
성파(良知現成派)=좌파 등에서 보여주는 자아의 무한 극대화, 나의

---

33) 東湖는 漢江의 일부이며, 현재 城東區 玉水洞과 江南區 鴨鷗亭洞을 잇는 東湖大
橋에서 '東湖'란 말을 찾을 수 있다. 동호에는, 조선시대 世宗 8년부터 賜暇讀書制
로 선발된 학자들이 기거하는 讀書堂에 있었다. 이에 대해서는 崔在穆,「ソウルの
近世都市文化 -「賜暇讀書制」を通じてみた朝鮮時代知識人文化の一端」,『アジア
都市文化學の可能性』,(大阪: 淸文堂, 2003)을 참조 바람.
34)『霞谷全』상, 315쪽 : 余觀陽明集, 其道有簡要而甚精者, 心深欣會而好之, 辛亥六
月, 適往東湖宿焉, 夢中忽思得, 王氏致良知之學甚精, 抑其弊或有任情縱欲之患(此
四字眞得王學之病).
35) 왜냐하면, 하곡의 비판에도 불구하고 이미 왕양명은 「任情縱欲」이 자신의 良知
의 學과는 거리가 있음을 말하고 있기 때문이다(「전습록」중,「答顧東橋書」). 그리
고 錢德洪(緖山)도, 배우는 자가 본체를 보게 되면 즐겨 곧 頓悟의 설을 행하고 또
는 자신을 되돌아 보고 자기를 억제하는 노력이 없으며 본체를 한 번 보고는 성인
마저도 뛰어 넘어서 발돋움하여야할 것이라고 말하고 스승(왕양명) 문하의, 뜻을
참되게 하고 사물을 바로잡고 선을 행하고 악을 떨쳐낸다는 본뜻을 모두 업신여
기며 부수적인 것으로 간주하고 행위를 간략하게 하며 언행을 돌봄이 없고, 심한
자는 禮敎를 蕩滅하고 스스로 聖門의 진수를 얻었다고 한다면서 왕양명의 本意와
는 달리 그 문하에 「任情縱欲」적 경향이 있음을 지적하고 있다(『陽明集』下,「大
學問 跋」 참조).

거대화(우주화)에는 제한을 갖게 되었다. 물론 이것은 하곡 사상의
또 다른 가능성인 동시에 한계이기도 하다.

### (3) 자연학(自然學) 개척의 의의

흔히 '양명학자'라고 하면 마음의 문제 즉 「심성론(心性論)」에 치
우쳐 있다고 생각하기 쉽다. 하지만 양명학자들에게서도 자연학은 사
유의 저면 혹은 표면에서 그들의 사상체계를 지탱해주고 있었다. 어
떤 형태로든 「세상은 어떻게 존재하는가?」라는 '세계'나 '자연'에 대
한 물음 없이 「인간이 어떻게 살 것인가?」라는 이른바 '인간'에 대한
탐구는 어렵기 때문이다. 물론 학문의 중점이 '마음'이라는 것에 놓여
있다는 사실이 관심의 무게중심을 이동시켜 자연학 쪽에 대한 집중
을 약화시키는데 적지 않은 영향을 끼칠 수는 있다. 그러나 그것이 자
연학에 무관했다는 것을 논증해내는 충분조건은 되지 못한다. 차라리
심학적 자연학의 특질이 어떤 것이었나 하고 물음을 제기하는 편이
옳을 것이다. 예컨대 왕양명 사상의 핵심 중의 하나인 「만물일체설」
같은 것은 심학적 자연학의 표본이라 할 만하며, 이후 많은 양명학자
들에게 전승되는 것이다.

하곡도 자연학에도 매우 관심이 깊었다. 하지만 종래의 연구에서
개설적인 것을 제외한다면 이 부분에 대한 본격적인 시도는 없었다.
어쩌면 하곡의 자연학에 대한 탐구는 하곡학에서 숨겨진 또 하나의
지평을 여는, 그런 의미에서 「또 하나의 하곡학」의 개척이라 부를만
하다.

그럼, 하곡에게서 자연학[36]이라 부를만한 것이 있는가? 있다면 어떤 형태로 표출되고 있는가? 하곡집의 현존본 중에서 가장 내용이 풍부한 22권 22책본(이른바 A본)[37]을 영인한 여강출판사의 『하곡전집(霞谷全集)』권21[38]에 제시된 하곡의 자연학에 관련된 부분은 「선원

---

36) 일반적인 정의를 보면 '자연학(自然學, physica)'을 「근대적인 정밀과학으로 발전하기 이전의 사변적(思辨的) 경향이 강한, 자연에 관한 학문」(한국교육문화사 편, 『원색세계대백과사전』권25, (서울: 한국교육문화사, 1994), 31쪽)이라고 기술하고 있다. 「자연학」은 서양의 고대 그리스철학에서 자연(physis)을 연구하는 철학의 한 부문이다. 그래서 자연학을 자연철학이라고도 한다. 고대 그리스철학은 처음에는 만물의 자연(생성과정)을 탐구하는 데에서 시작되었다. 이것은 온갖 종류의 사물의 자연연구로서 발전하였다. 그것은 다만 우주의 원소(당시는 흙·물·공기·불의 네 가지가 원소)에 대해서만이 아니라, 천문학·기상학·생물학·의학 등 많은 영역에 걸친 것이었다. 이런 의미의 자연학이라면, 전통시대의 동아시아 신유학자들에게서도 이미 존재해왔으며, 그것이 직·간접적으로 심성학을 완성하는데 주요 이론적 기초가 되고 있음을 부인할 수 없다. 예컨대 동아시아 사상사의 주류를 이루었던 유학의 경우, 그것이 지향하는 성기(成己)·수기(修己)와 성물(成物)·치인(治人)의 합일적 구조 속에는 근본적으로 '사변적(思辨的) 경향이 강한, 자연에 관한 학문'이 내재해 있기 마련이다. 특히 중국인들이 구상적(具象的) 혹은 즉물적(卽物的) 사유방식을 갖고 있었다고 하는 지적(이에 대해서는 中村元, 『중국인의 사유방법』, (서울: 까치, 1990)을 참조.)에서도 알 수 있듯이, 인간의 눈앞에 펼쳐진 사(事)와 물(物)의 정(情)[=정황·실정] 속에서 인간사를 성찰해왔던 것으로 볼 수 있다. 다시 말하면 사정(事情), 물정(物情)과 긴밀한 관련 속에 인정(人情)에 대한 물음이 있었다는 말이다. 이 점에서 유학자들의 자연학은 다름 아닌 '자기가 존재하고 있는 환경을 인식하는 체계'(=「자기환경인식체계」(이 말은 도올 김용옥이 『朱子의 自然學』에 대한 해설로서 쓴 「과학과 인식」속의 말이다[야마다 케이지, 『朱子의 自然學』, 김석근 옮김, (서울: 통나무, 1991), 13쪽])이므로 자연관 혹은 세계관이라 불러도 무방할 것 같다. 이러한 「자기환경인식체계」는 대부분의 유학자들에게 어떤 형태로든 존재했던 것이며, 한국 양명학의 대성자로 불리는 하곡에게서도 예외가 아니었다.

37) 일본의 궁내청(宮內廳)에 있던 것을 1966년 문화재반환 때 되찾아와 현재 국립중앙박물관에 소장하고 있음.

38) 정제두, 『霞谷全集』·하(下), (서울: 여강출판사, 1988), 243~334쪽.

경학통고(璇元經學通攷)」,「기삼백설(朞三百說)」[39],「천지방위리도설(天地方位里度說)」,「칠요우행설(七曜右行說)」[40],「조석설(潮汐說)」이다.[41] 그리고「선원경학통고」에는「천원고험편(天元故驗篇)」,「곤후구성편(坤厚久成篇)」,「충신도기편(忠信道器篇)」,「설괘칙상편(說卦則象篇)」이 들어있다. 이들에 대해서는 윤남한(尹南漢)의『국역하곡집』[42]과『조선시대의 양명학 연구』[43]에서 이미 개략적인 소개가이뤄진 바 있다. 그리고「선원경학통고」는 심우준(沈堣俊)에 의해 한글로 완역되어 그 내용을 쉽게 알 수 있게 되었다.[44]

어쨌든,「실계(實計)로써 허도(虛度)를 고치고 명험(明驗)으로써현론(縣論)을 배척한 심사」[45]가 담긴 하곡의 자연학은 그의 양명학연구에서 간과되어선 안 될 것이다.

---

39) 원래『書經』「虞書, 堯典」에「朞三百有六旬有六日, 以閏月, 定四時成歲」라고 한바의 朞三百에 대한 하곡의 풀이다. 朞三百은『書經』「虞書, 堯典」의 것을 하곡이 인용하여 편명으로 하였다. 朞三百의 朞는 春夏秋冬의 四時를 말한 것으로서1년 동안의 月行의 數를 의미한 것이다. 三百은 1년의 日數로서 한해동안의 常數를 말한 것이다. 朞는 一歲 즉 12월이고, 1월은 30일이니 正 365일이며, 小月 6일을 제한 것을 합하여 윤월을 두는 것은 1歲의 曆象을 말한 것이다. 이는 舜이 義和氏에게 준 말이며, 天行, 日月, 四時의 節候를 세워서 百官을 다스리고 庶事의 功을 넓히라고 한 것이었다. 하곡은 서경 기삼백의 주를 부연하여, 日月運行度數를도표화하면서 구체적으로 설명하였다.
40)『隋書』등을 토대로, 日月과 五星(火ㆍ水ㆍ木ㆍ金ㆍ土) 즉 七曜가 右行함을 고증한 것.
41) 이 편들은 국립중앙도서관 10책본(C본) 중에서 뽑아 보충한 것임. 기타 A, B, C, D본에 대한 설명은『霞谷全集』ㆍ上, 1~2쪽을 참조 바람.
42) 尹南漢,『국역 하곡집』ㆍⅡ, (서울: 민족문화문고간행회, 1986(중판)).
43) 尹南漢,『조선시대의 양명학 연구』, (서울: 집문당, 1982).
44) 심우준,「『선원경학통고』해설」,『세계의 대사상』ㆍ33, (서울: 휘문출판사. 1974), 419쪽.
45) 심우준,「『선원경학통고』해설」,『세계의 대사상』ㆍ33, 419쪽.

### (4) 기타 하곡 연구에서 주목해야할 점

기타, 다음과 같이 하곡의 양명학을 연구할 경우 주의해서 연구할 점들이 많다.

① 양명 우파적(右派的) 경향: 하곡의 양명학은, 일찍이 유명종이 「하곡의 양지학(良知學)은 양명우파(陽明右派)와 공통점이 있다」[46] 고 지적하였듯이, 좌파적 성향보다는 우파적인 것, 혹은 주자학과의 연계 가능성[47] 혹은 주왕절충적(朱王折衷的) 가능성이 논의될 여지가 많다. 그러나 이 문제는 하곡의 양명학을 계승하는 강화 양명학파와 연관지어 보다 세밀하게, 더욱이 선행연구로 인한 선입견 없이 다시 논의해보는 노력이 필요하다.

물론 '하곡학'이라고 하면 하곡 정제두가 만년에 강화도 하곡(霞谷) 지역에 거주하면서까지 그의 생애를 통해서 이룩한 학문 전체를 말한다. 그렇다면 하곡학은 하곡의 양명학만을 의미하지는 않는다. 하곡을 무조건 양명학의 범주에만 넣기보다는 ①주자학과 양명학을 절충하고 있는가, 아니면 ② 양자를 극복하고 있는가. 아니면 ③ 양명학 쪽에 무게를 두고 자신의 사상을 전개하고 있는가 등등을 고려하여 논의해갈 필요가 있을 것이다.

② 생리설(生理說) 등의 한의학적(韓醫學的) 측면의 연구: 하곡의 많은 경학적 저술에 대한 검토를 통해, 그의 경학의 범위와 입장 그리

---

46) 유명종, 『韓國의 陽明學』, (서울: 同和出版社, 1983), 121쪽.
47) 이에 대해서는 崔在穆, 『동아시아의 양명학』, (서울: 예문서원, 1996), 140~142쪽 참조할 것.

고 그 해석적 특징과 의의가 밝혀져야 하고, 하곡의 양명학 및 성리학적 개념들, 예컨대 성의론(誠意論), 이기론(理氣論), 생리설(生理說), 만물일체론(萬物一體論) 등에 대해서도 체계적으로 연구할 필요가 있다. 아울러, 위와 연관하여 그의 주요 저작「존언(存言)」등에 보이는 한의학적(韓醫學的) 개념들을 연구하는 것도 중요하다.

③ 역학(易學), 역학(曆學), 자연학(自然學)에 대한 연구:「선원경학통고(璇元經學通攷)」,「기삼백설(朞三百說)」,「천지방위리도설(天地方位里度說)」,「칠요우행설(七曜右行說)」,「조석설(潮汐說)」등

위와 같은 연구 결과를 토대로 동아시아 양명학사 내지 사상사에서 갖는 위상을 객관적으로 연구해 볼 필요가 있다. 그러기 위해서는 '비교' 내지 '대조'의 시각이 필요하다.

## 3. 하곡과 강화학파

강화 양명학파에 대해 시작하기 전에 인터넷「야후백과사전」[48]에 있는 '강화도' 항목을 검색해 보면 다음과 같이 강화도의 지리, 역사에 대해 개괄하고 있음을 알 수 있다.

강화도(江華島)는 한반도의 중부, 경기만 안에 있는 섬으로 면적 236㎢이며 한국에서 5번째로 큰 섬이다. 인천광역시에 속해 강화군(江華郡)을 형성하고 있다. 본래는 김포반도와 이어져 있었는데 오랜

---

48) http://kr.encycl.yahoo.com/enc/info.html?key=1033330

침식으로 여러 개의 섬으로 나누어졌다. 그 후 한강에서 나오는 토사
(土砂)와 퇴적으로 다시 연결되었다가 또다시 염하(鹽河)가 유로를 형
성하여 독립한 하나의 섬이 되었다. 건너편 김포시(金浦市)와의 사이
를 가르는 해협의 너비는 고작 200~300m에 불과한데 현재는 교량으
로 연결되어 있다. 강화도는 고려시대부터 수도 방위의 제1관문 또는
피난처로서 중요시되었는데, 13세기 중엽 몽고군이 침입했을 때에는
당시의 국왕 고종이 29년간 이곳에 머물면서 저항했다. 조선시대 말에
는 프랑스함대 · 미국함대 등 열강(列强)의 군대가 경기만에 침입했으
나(신미양요), 72문(門)의 포대(砲臺)를 갖고 있던 강화도 수비대가
이를 막아내 수도 서울의 방위역할을 착실히 해 냈다. 6 · 25 이후는 북
한과 대치하는 최전선의 한 구획을 이루고 연안은 경비대의 감시 하에
있다. 섬 전체가 구릉성(丘陵性) 산지로 덮여 있으며 해안선은 깎아지
른 듯한 절벽이 솟아 있어 좋은 항구는 거의 없다. 대부분의 주민은 농
업에 종사하며 특산물로서는 인삼과 화문석을 들 수 있다. 도내 최고
봉인 마리산(摩利山, 468m)에는 참성단(塹星壇)이 있고 정족산(鼎足
山)에는 유명한 사찰인 전등사(傳燈寺)가 있다. 고려시대의 동종(銅
鍾)이나 조선시대의 포대 등 역사적 유적이 섬 안에 산재해 있어 서울
근교의 관광지로 되어 있다.

강화 양명학파는 이렇게 개괄된 '강화도(江華島)'라는 지역을 거점
으로 성립 · 전개한 학파를 말한다.

한국의 양명학 연구사에서 '강화학파'라는 용어를 제일 먼저 사
용하기 시작한 사람은 위당 정인보의 직전 제자인 민영규(閔泳珪,
1915~2005)이다. 그는 「위당 정인보 선생의 행장에 나타난 몇 가지
문제 - 실학 원시 -」(『동방학지』13집, 1972)에서 최초로 사용하였다.

물론 우리는 조선시대 양명학에 대한 학파적 파악의 최초 논의가, 1933년에 「동아일보(東亞日報)」에 연재한 정인보의 『양명학연론(陽明學演論)』가운데 일장(一章)인 「조선양명학파(朝鮮陽明學派)」라는 것을 빠뜨릴 순 없다. 이것은 『사상계(思想界)』(1953년 6·7월호), 『담원국학산고(詹園國學散藁)』(文敎社, 1955)에도 게재되었고, 1972년 삼성문화재단에서 삼성문고로 『양명학연론(陽明學演論)』이라는 이름으로 간행되었다. 정인보의 양명학연구는 양명학의 참된 정신을 일깨워 줌으로써 민족의식을 고취코자 노력하였다. 그리고 그는 '양명학에 관한 뚜렷한 저서나 증거가 있는 인물'(鄭齊斗, 張維, 崔鳴吉), '겉으로는 주자학처럼 보이나 속으로는 양명학을 주장한 인물'(李匡師를 비롯한 江華學派), '양명학에 대해 언급하지는 않았으나 그 주된 정신이 양명학임을 알 수 있는 인물'(洪大容)의 세 가지 유형으로 조선시대 양명학자를 구별하였을 뿐 아니라 조선양명학파의 변천과정을 상세히 논술하여 훗날의 조선시대 양명학연구의 지침을 마련하였다. 더욱이 그가 홍대용에 주목하여 양명학과 조선시대 후기의 실학사상관계를 지적한 것은 이후 양명학과 실학과의 관련성연구에 좋은 단서를 제공하여 조선시대 양명학의 역사적 성격 해명에 기여하게 되었다.[49] 이러한 정인보의 연구는 이후 '강화학파'라는 명칭을 낳는 초기적 윤곽을 제시해주었다고 할 수 있다.

정인보의 양명학을 계승하는 민영규는 「강화학이 반드시 양명학의 묵수자로서 一色을 이뤄야 할 이유는 없다」고 하고, 「강화학의 성장

---

49) 崔在穆, 「한국의 양명학 연구에 대한 회고와 전망」, 『철학회지』제21집, (경산: 영남대학교 철학과, 1997), 136쪽.

이 정하곡의 양명학에서 발단을 이룬 것이긴 하지만, 하나의 율법의 외형적인 묵수가 어떠한 새로운 생명도 거기서 약속되지는 않는다. …이건창과 정원하, 홍승헌은 모두 강화학의 마지막을 장식하는 분들이었지만 … 내가 그것을 양명학이라 부르지 않고 강화학이라는 새로운 용어를 찾아야 했던 데엔 (그들의 의견 내용에서)(인용자 첨가) 오는 변화를 적극 평가하고 싶었기 때문이다」[50]라고 하여, 양명학/하곡학과 구별되는 '강화학'이라는 명칭을 제시한다. 이처럼, 「최근 학계에서 강화학파의 학통과 학문 내용, 문학 · 정신 등을 탐구하게 된 것」은 오로지「정인보 · 민영규 두 분이 가닥을 잡아두었기 때문에 가능한 일」이었다.[51]

사실 '하곡학'이라고 하면 하곡 정제두가 만년에 강화도 하곡(霞谷) 지역에 거주하면서까지 그의 생애를 통해서 이룩한 학문 전체를 말한다. 그리고 '하곡의 양명학'이라 하면 하곡의 학문 내용 가운데 양명학적 경향을 지닌 학문내용을 말한다.

강화학파의 대략적인 흐름은, 하곡이 강화학의 기초를 확립한 이후 그의 아들 정후일(鄭厚一)과 그의 문인인 이광명(李匡明) · 이광사(李匡師) · 이광신(李匡臣) · 심육(沈錥) · 윤순(尹淳) · 이진병(李震炳) · 정준일(鄭俊一) · 송덕연(宋德淵) · 최상복(崔尙復) · 이선협(李善協) · 신대우(申大羽) · 이광려(李匡呂) · 성이관(成以觀) · 오세태(吳世泰) · 이선학(李善學) · 김택수(金澤秀) 등이 있었다. 이후,

---

50) 민영규, 「위당 정인보 선생의 행장에 나타난 몇 가지 문제 - 실학 원시 -」, 『동방학지』13집, 1972(『강화학 최후의 광경』, (서울: 우반 출판사, 1994), 79~80쪽 재록).

51) 한국정신문화연구원 편, 『강화학파의 문학과 사상(1)』, (수원: 한국정신문화연구원, 1993)의 「간행사」참조.

이들의 학문은 가학으로 전승된다. 하곡의 아들 정후일의 학문은 그 사위인 이광명과 그의 고손인 정문승(鄭文升)·정기석(鄭箕錫. 6대손)·정원하(鄭元夏. 7대손) 등으로 계속 이어졌으며, 신대우의 심학은 그 아들인 신작(申綽)·신현(申絢)으로 계승되었다. 강화학파의 가장 큰 줄기는 역시 전주 이씨 덕천군파 가문인 이광신·이광려·이광사·이광명이다. 이들의 학문 전승을 다시 살펴보면, 이광려는 정동유(鄭東愈)로, 이광사는 그의 아들인 이긍익(李肯翊)과 이영익(李令翊)으로, 이광명은 양아들인 이충익(李忠翊)과 이면백(李勉伯)·이시원(李是遠)·이지원(李止遠)으로 이어졌다. 이시원의 심학은 다시 이상학(李象學)·이건창(李建昌)·이건승(李建昇)에게, 이지원의 학문은 이건방(李建芳)·정인보(鄭寅普)로, 정인보의 학문은 다시 연희전문학교 제자인 민영규(閔泳珪)로 이어졌다. 이렇게 강화학의 학통은 현재까지도 계승되고 있다.[52]

이러한 강화학파의 전개를 시기별로 구분하여, 하곡의 친전제자들을 '초기 강화학파', 재전제자들을 '중기 강화학파', 그 이후의 제자들을 '후기 강화학파'로 구분해 보는 방식도 가능할 것이다.[53]

'강화학'이란 '하곡의 양명학'과 '하곡학', 그리고 하곡이란 인물에 의해 강화도라는 지역을 구심점으로 해서 전개되는 그 후학의 학문 전개(양명학 포함) 전체를 포괄한다. 이 속에는 앞서 소개한 강화학파의 인물들의 다양한 학문 내용이 전부 포함된다. 그러므로, '하곡의

---

52) 유준기, 『한국근대유교 개혁운동사』, (서울: 도서출판 삼문, 1994), 238~239쪽 참조.
53) 서경숙, 「초기 강화학파의 양명학에 관한 연구」, (성균관대학교 대학원 박사학위 논문, 2001), 281쪽. 서경숙이 '말기 강화학파'로 한 것을 나는 '후기 강화학파'로 고쳐 불렀다.

양명학'(ⓐ), '하곡학'(ⓑ), '강화학파의 양명학'(ⓒ), '강화학'(ⓓ)의 관계는 ⓐ⊂ⓑ⊂ⓒ⊂ⓓ와 같고, '강화학파'는 ⓐ+ⓑ+ⓒ+ⓓ라고 해야 한다.

그런데, 예컨대 「'강화도'라는 지역을 구심점으로 발전시키고 확장시킨 하곡의 양명학을 '강화학'이라 하고, 이들을 '강화학파'라 한다.」[54]라고 말할 경우, 우리는 '하곡학'과 '하곡의 양명학', '강화학'과 '강화 양명학' 사이에 약간의 혼동의 소지가 있게 된다.

심경호는 「강화학의 학인과 문인은 양명학을 바탕으로 하되 주자학의 인식론을 재수용하거나 한학(漢學)의 실증적 학풍을 도입하였고, 유학의 사유 틀에만 머물지 않고 도교와 불교까지 섭수(攝收)하였다. 그들은 각각의 성향과 시대적 요구에 대응하여 외형적으로는 다른 모습을 띠었지만 내면을 닦는데 힘쓰고 자기를 충실히 할 것[專於內, 實於己][55]을 강조하고, 그 학문을 실학(實學)[56]이라 불렀다」고 하였다.[57] 이처럼 강화학파가 전적으로 양명학에만 한정되어 있지 않다는 점을 간과해선 안 될 것이다.

---

54) 서경숙, 「초기 강화학파의 양명학에 관한 연구」, (성균관대학교 대학원 박사학위 논문, 2001), 281쪽.

55) 『霞谷集』「門人語錄」: 李匡師曰, 先生之學, 專於內, 實於己.

56) 李匡師, 『斗南集』, 「書贈稚婦繭紙」: 拜先生牀下, 聞實學之要.

57) 심경호, 「강화학의 虛假 批判論」, 『大東漢文學』제14집, (대동한문학회, 2001), 39쪽.

## 4. 하곡사상과 동아시아 근대사상과의 연관성

### 1) 근대 학술 · 사상사 · 문예사로의 연결

강화학의 학문은 양명 심학(心學)=치양지학(致良知學)을 기저로 하면서 시문(詩文) · 정(情) · 의(意) · 사(史) · 문예서화(文藝書畵)를 꽃 피운다. 이러한 강화학파의 중층성이 근대 학술로 어떻게 전승될 것인가는 매우 중요한 문제이다.

강화학은 학문, 학술의 내용이 철학사상 분야에만 머무르지 않고 어학 · 문학, 서화(書畵) 등의 다양한 분야에 꽃을 피우는 등 개성 있는 전개 양상을 선보이고 있어, 중국이나 일본의 양명학파 전개와 대비되는 점이 적지 않다. 말하자면 중국이나 일본의 양명학에 비해 문학, 문예 면의 심화의 특징을 보여주고 있다.[58] 따라서 강화 양명학은 학제적 총합적으로 연구, 조망되어야 마땅하다. 물론 종래의 연구에서도 이미 이러한 내용들이 잘 고려되고 있는 것처럼 보인다.

종래의 연구 가운데서 강화 양명학파를 철학사상 분야에 한정하지 않고 여러 분야에서 걸친 개략의 내용과 흐름을 잘 정리한 것은 역시 유명종(劉明鍾)의 연구이다.[59] 1960년대부터 한국사상 관련 논문을

---

58) 강화 양명학파의 연구사를 살펴보면 연구 자체가 주로 문학 부문에 많은 것도 이를 예증하는 것이다.

59) 나는 이 글에서 유명종의 연구 성과를 선별하여 그것을 보완하는 의미에서 논의를 진행하고자 한다. 덧붙여서, 나는 유명종이 강화학파의 양명학을 논할 경우, 내가 여기서 사용하는 강화 양명학파의 개념과 거의 동일하게 사용하고 있다. 따라서 나는 논지 전개의 편의상 그가 사용하는 '강화학파'라는 개념을 '강화 양명학파'와 동등하게 이해, 취급하고자 한다.

누구보다도 많이 발표한[60] 그는 한국정신문화연구원편의 『민족문화대백과』의 「양명학」 항목 속의 「③정제두의 문류(門流)로서의 강화학파의 학문경향」[61]에서 이렇게 정리하고 있다.

　　정제두가 강화도에서 학문을 하며 양명학을 천명할 때 그의 자손과 이광사(李匡師), 이광려(李匡呂), 손서 이광명(李匡明), 다른 손서 신대우(申大羽) 등의 종형제와 심육(沈錥), 윤순(尹淳), 이진병(李震炳) 등이 모여들어 하나의 학파가 형성되었고 200년간 계속되었다. 역사학에 있어서는 이종휘(李鍾徽)가 양지사관(良知史觀)에 입각하여 역사를 파악하였다. 그들은 왕수인의 양지학, 심학을 기초로 하여 사학(史學)과 정음(正音), 서예(書藝), 시문(詩文)을 발전시켰는데, 그것은 양지. 정서. 의지를 함께 통일한 것이었고, 참된 것을 구하고 헛된 것을 버리는 양지학이지만 정치관으로 나타날 때에는 진(眞)과 가(假)라는 논리에 의거하여 노당(老黨)의 가대의(假大義) 배격을 특색으로 하였다. 그들은 모든 학문에서 양지를 심볼화하고 이미 비인간화한 사회에 도전하면서 실학파와 제휴하였는데, 특히 실학파 중에서 북학파는 양명학을 받아들인 자취가 뚜렷하다. 그들(강화학파. 인용자 주)의 학문경향은 대체로 다음과 같다.
　　① 주체적인 양지사관은 이종휘로부터 이광사의 큰아들인 이긍익(李肯翊)의 《연려실기술》과 이광명의 아들 이충익(李忠翊)의 《군자지과(君子之過)》와 이면백(李勉佰)의 《감서(憨書)》, 《해동돈사(海東惇史)》, 그의 아들 이시원(李是遠)의 《국조문헌(國朝文獻)》과 그것을 토

60) 윤사순·이광래, 『우리 사상 100년』, (서울: 현암사, 2001), 214~215쪽 참조.
61) 유명종, 「양명학」, 『한국민족문화대백과사전』16, 한국정신문화연구원 편, (경기: 한국정신문화연구원, 1991), 728~729쪽.

대로 한 이건창(李健昌)의 《당의통략(黨議通略)》 등의 업적이 빛나고
있다. 신채호(申采浩)가 이종휘의 사관을 "노예사상으로부터 주체적
사관을 수립하였다."고 한 것처럼 그들은 홀로 아는[獨知] 양지사관에
근거하고 공평을 원칙으로 하였던 것이다.

　② 우리 나라의 언어인 정음(正音)의 연구 또한 주체성을 드러낸 것
이라 하겠는데, 이광사의 정음연구를 이영익(李令翊)과 이충익이 계
승하고 정동유(鄭東愈)와 유희(柳僖)가 더욱 발전시켰다.

　③ 백하(白下)의 서예는 이광사에 이르러 원교체(円嶠體)로 창조되
고, 이긍익. 이충익과 특히 정문승(鄭文升)의 서화는 산수화에 뛰어나
《근역서화징(槿域書畫徵)》에 소개되어 있다.

　④ 이광려 · 이충익 · 이건창은 모두 이지(李贄)의 영향을 받은 공안
파(公安派)의 성령문학(性靈文學)에 기본을 두고 있다. 신대우의 〈이
참봉문집서〉에 의하면 이광려의 글은 성령(性靈)을 발휘하였으며, 이
충익의 〈이참봉문집서〉에 의하면 문장됨이 선배의 형식을 사용하지
않고 시세(時勢)에 구애되지 아니하였다고 한 것도 바로 공안파의 문
장론의 기본이었다. 이충익은 〈답한생서(答韓生書)〉에서 성령문학에
관해 말하고 있다. 그는 또 글은 반드시 혜식(慧識)을 주로 해야 한다
고 주장하였다. 이러한 혜식은 양지의 다른 표현이라 생각할 수 있다.

　⑤ 강화의 양명학은 실학과 제휴하였다. 이상학(李象學)은 정약용
(丁若鏞)을 연구하였고, 신작(申綽)은 정약용과 교우하였으며, 정문
승은 농서(農書)에, 정후일(鄭厚一)은 수학연구에 조예가 깊었다. 이
들은 양지를 심볼화하여 문학. 언어연구 · 서예 · 시화에서 혹은 실학
에서 그것을 구체화하였다. 이건방(李建芳)은 그의 〈원론(原論)〉에서
"그 참된 것을 구하고자 하면 반드시 먼저 그 가(假)가 무엇인지 알아
야 한다. 어떻게 그 가임을 아는가? 그 가는 성현의 도에 합당하지 못

함을 아는 것이다. 무엇으로 그것이 성현의 도에 합당하지 않음을 아
는가? 사람의 정(情)에 합당하지 않기 때문이다." 라고 하여 양지의 발
휘인 일진무가(一眞無假)를 말하였는데, 이충익도 〈가설(假說)〉에서
이미 진가론(眞假論)을 전개하였다. 이것은 강화학파에서 일관된 논
리였다. 그리고 이건방은 송시열(宋時烈)에 대하여 비난하기를 그는
주희의 권위를 빙자하여 오늘 한 사람을 죽이고서 이것을 대의(大義)
라 하고, 내일 또 한 사람을 죽이고서 이것을 대의라고 하는 것은 도리
어 주희의 죄인이요, 춘추(春秋)의 죄인이라고 공격하였다.

이러한 유명종의 강화학에 논지는 그의 연구에서 일관하고 있다.[62]

---

62) 참고로 유명종은 1994년 연세대학교 국학원의 다산기념강좌6으로 출간한 『성리
학과 양명학』에서 「江華學派의 陽明學」을 이렇게 말하고 있다.(유명종, 『성리학
과 양명학』, (서울: 연세대학교출판부, 1994), 332~334쪽). 이것은 『민족문화대
백과사전』 속의 내용을 재정리한 것으로 내용상에는 상호 차이가 없지만, 논지 전
개상 참고를 위해 들어둔다. 霞谷이 肅宗 · 景宗 · 英祖 사이에 江華島에서 양명학
을 강명한 후, 그의 자손들과 옮겨 살게 되어, 鄭 · 李 · 申氏를 중심으로 양명학은
200여 년 전수되었다. 그들이 전수한 양명학은 心學이다. 따라서 心學에는 詩文
이 있고, 情이 있고, 意가 있으며, 史가 있고, 文藝書畵가 있다. 知性과 情緖와 意
志를 함께 하는 渾一한 心身의 學, 곧 致良知學이란 참으로 인간을 사랑하고 동정
(眞誠惻怛)하는 학문이다. 따라서 그들은 正音 · 史學 · 書藝 · 詩文으로 삶의 참
뜻을 symbolic하게 드러내려 하였고, 겸해서 實學과 제휴하여 이미 비인간화된
사회에 대하여 도전 혹은 개혁의 시도를 읽을 수 있도록 해준다. 참으로 깨친 良
知는 다시 민족의 주체성 천명에 얼을 미친다.
① 우리의 主體的 史觀確立과 우리말 연구에 노력한다. 李匡師의 장자 燃藜室 李
肯翊(1736~1806)의 『燃藜室記述』은 훌륭한 良知의 客觀的 史觀을 수립했고, 李
匡明의 아들 椒園 李忠翊(1767~1816)의 『君子之過』는 黨禍의 원인을 밝혔고, 岱
淵 李勉佰(1767~1830)의 『惷書』에는 式論 · 學論이 있다. 그것은 조선이 문약화
한 원인을 말하고, 同論은 黨禍의 뿌리를 파헤쳤으며, 禮論은 末世汚儒가 名實을
어지럽혔음을 말하였다. 그의 아들 李是遠(1790~1866) 또한 『國朝文獻』백여 권
을 남겨 손자 李建昌에 의하여 2권으로 집약되어 『黨議通略』이 되었다. 修山 李種
徽(1731~1786) 또한 양명학적 사관을 제시하였으므로 "노예사상으로부터 주체

이러한 정리가 후학들의 강화학 연구에 개론서 역할을 하여, 이후의 연구는 이를 각론화하는 차원에서 연구를 하여 보완해가고 있는 것처럼 보인다.

이렇게 지성(知性)과 정서(情緖)와 의지(意志)를 함께 하는 혼일한 심신(心身)의 학(學) 치양지학(致良知學)이란 참으로 인간을 사랑하고 동정[眞誠惻怛]하는 학문이라고 본다. 따라서 그들은 정음(正

---

적 사관을 수립했다"고 申丹齋가 평가한 바 있다.

② 正音學硏究, 우리 얼이 담긴 우리의 正音의 연구가 지속되었다. 李匡師의 訓民正音學을 그의『正音正序』에서 알 수 있고, 李令翊·李忠翊·柳僖·鄭東愈 등은 모두 正音硏究에 업적이 있었다. 이것은 良知의 symbol화이다.

③ 白下 尹淳의 書藝는 圓嶠 李匡師에 의하여 圓嶠體를 창조케 하였으며, 楷·草·篆·隸에 능하였고, 李肯翊 등과 美堂 鄭文升은 書藝에 능할 뿐 아니라, 그의 山水畵는『槿城書畫徵』에 소개되어 있다.

④ 李忠翊은 그 문장이 最古였고, 李肯翊·申大羽·鄭東愈는 誌傳에, 申綽은 詩, 李建昌은 記事文에 , 李建昇·李建芳 모두가 문장으로 이름이 있었다.

⑤ 李象學의 丁茶山 연구와 申綽과 茶山의 교우, 鄭文升의『農畵』, 鄭厚一의 수학 연구, 기타 實學과 관계를 깊이 맺고 있다. 이러한 몇 가지의 특징 외에 그들은 小論派에 소속되어 黨禍와 관계가 깊었는데 英祖 때 李眞儒 사건에 연좌된 李匡師와 李忠翊 등은 평생을 버리게 되었다. 이렇게 史學과 正音硏究·書藝·詩文·實學에서 새롭고도 창조적인 경지를 개척한 것은 모두 양명학적 良知의 자기실현이었던 것이며, 良知의 symbolic이다. 인간은 symbol을 조정하는 존재이다. 書·詩文·畵·數學·言語·史學 연구 등은 그들 良知의 자기 symbol화라 보아야 할 것이며, 實學 연구는 현실적인 빈곤과 비저에 대한 저항의식의 symbol 조작이라 할 것이다. 상징적 형식 중에서 역학을 수행한 것이 된다. 그러나 이들은 모두가 小論黨籍이 있었으므로 老論政權에 의하여 억압과 탄압을 받고 있었다. 러시아의 화가인 카시미르 말레비치가 1913년에 말한 것처럼 "움직일 수 없는 공고한 대상의 세계에서 미술을 필사적으로 해방시키려고 나는 사각형에다 피난처를 구하였다."고 하였는데 움직일 수 없는 대상 세계에서 필사적으로 해방되려는 피난처가 바로 그들의 書畵·詩文·言語·數學·史學의 연구였다. 프랑스 화가 마르셀 뒤생은 "불안한 不條理의 삶을 살고 있다. 불안을 주는 대상, 그것이야말로 예술의 제일보이다"라고 한 것처럼 白下와 圓嶠의 書藝·椒園·美堂의 書藝, 石泉·寧齋 등의 詩文은 그의 불안한 부조리의 삶을 symbol화 한 것이라 생각된다.

音) · 사학(史學) · 서예(書藝) · 시문(詩文)으로 삶의 참뜻을 상징으로(symbolic) 드러내려 하였고, 실학(實學)과 제휴하여 이미 비인간화된 사회에 대하여 도전 혹은 개혁의 시도를 읽을 수 있도록 해주고, 참으로 깨친 양지(良知)는 다시 민족의 주체성 천명에 얼을 미친다고 보았다.[63]

위의 유명종의 연구 성과를 토대로 강화 양명학파의 학술, 문예적 업적은 아래와 같은 분야별로 정리될 수 있다.

① 주체적인 사관 확립[良知史觀] → 사학.

② 주체적인 언어[訓民正音學/우리말] 연구 → 언어학

③ 창의적 서화(書畵)의 개화 → 문예학

④ 성령문학(性靈[64]文學)의 전개 → 문학

⑤ 실학(實學)과 제휴 → 실학

---

63) 유명종, 『성리학과 양명학』, (서울: 연세대학교출판부, 1994), 332쪽.

64) 성령(性靈)이란 말은 일반적으로 '마음, 영혼, 정신'을 말하며, '성정(性情)의 영묘한 활용'을 말한다. 다시 말하면 인간 개개인의 본성 즉 성정(性情)의 참[眞/天眞/眞情]에서 우러나오는 정기(精氣), 혼, 영성(靈性)을 자유롭게 구사하는 것이다. 중국 문학에서 말하는 성령파(性靈派)는 시파(詩派)의 이름으로 송의 양만리(楊萬里)에서 발원하고, 명의 원굉도(袁宏道) 형제에 의해 발휘되어, 청의 원매(袁枚)에 이르러 왕성하게 주장되었다고 한다(諸橋轍次, 『大漢和辭典』권4, (東京: 大修館書店, 1984), 1011쪽 참조).
강화 양명학에 있어 보여지는 성령문학과 그 의미(寧齋 李建昌의 경우)에 대해서는 유명종, 『韓國의 陽明學』, (서울: 同和出版社, 1983), 206~209쪽을 참조바람. 예컨대, 유명종은 「寧齋는 古文에 능하여 紀事文을 잘 하였다고 하지만 내 마음의 感發, 그것이 곧 나의 文章이라는 주장은 陽明派의 李卓吾와 公安派 혹은 淸代 袁枚(1716~1797) 등 性靈派 文學과 통하는 것이다」라고 하는(같은 책, 206쪽) 등 중국, 한국의 성령문학의 흐름을 개략적으로 논의하고 있다.

앞으로 이들에 대한 개별적인 연구는 더욱 추진되어야 하며, 여기서 거론되지 않은 강화 양명학파의 여타의 학술, 문예적 특징들은 새롭게 밝혀져야 한다.

덧붙여서 하곡학에서 발원한 강화학파의 '양지' 발휘로서의 자유로운 인간 개성 중시, 문예 중시의 사조는, 예컨대 러시아 혁명가이자 무정부주의자인 바쿠닌(Mihail Aleksandrovich Bakunin 1814~1876)이 근대 세계에서 민중을 소외시키는 권력에 의해 위협 당하는 인간의 삶의 의미를 부여할 수 있는 것은 예술뿐이라고 생각하고, 또한 그가 "내가 어떤 체계에도 따르지 않는 것은 내가 참된 탐구자이기 때문이다"라고 말한[65] 등의 이른바 아나키즘(anarchism)의 예술론의 경향과 대비, 비교해볼 가치가 충분히 있다고 생각한다.

## 2) 주체적인 언어[訓民正音學] 연구와 국학(國學)과의 상관성

주체적인 언어[訓民正音學] 연구는, 한어(漢語)와 우리 고유어(= 한글)가 배타적인 관계로 있던 조선시대에 큰 의미를 지닌다. 예컨대, 한어 대 고유어(우리말/한글)의 대결은 「민속적인 것이나 오래된 사상 · 종교에 대한 초연한 지위를 확보하려는 이상주의 · 엘리트주의(elitism)가 현저하였던」[66] 당시 조선의 신유학자들(특히 주자학자들)의 일반적 조류를 고려할 때, 매우 중요한 동향이라고 할만하다. 한어

---

65) 이에 대해서는 박홍규, 「아나키즘 예술론」, 『아나키 · 환경 · 공동체』, (서울: 모색, 1996), 289쪽 참조.

66) 黑住眞, 「漢學 — その書記 · 生成 · 權威」, 『近世日本社會と儒敎』, (東京: ぺりかん社, 2003), 212쪽.

(漢語)를 사용하면서도 우리말[訓民正音學]을 연구하는 것은 한학
(漢學)=중국학 즉 중국적인 것의 권위로부터 국학(國學)을 구별시키
고, 중국을 대상화하려는 노력으로 볼 수 있다. 이 점은 '국학(國學)'
의 태동과 전개라는 시야에서 논의되어야 한다.

  강화학의 국학적 전통을 이어받은 근대기의 양명학자는 무엇보다
도 정인보를 빼놓을 수 없다. 정인보는 개천절, 광복절 노래의 가사
를 지은 인물이며『양명학연론』저술을 통해서 양명학을 빛낸 양명
학자라는 측면 외에 많은 면모를 지닌다. 다시 말해서 그는 단재 신채
호(丹齋 申采浩 1880-1936)의 역사학에 동조하며『5천년간 조선의
얼』을 저술하고 단군 연구 등을 통해서 보인 민족주의 사학자의 면모,
『담원시조(薝園時調)』⁶⁷⁾에서 볼 수 있는 시조 시인의 면모, 다산(茶
山) 정약용(丁若鏞) 및 훈민정음의 연구에서 보인 국학자의 면모 등
다양한 이력의 소지자이다. 주지하다시피 정인보는 경학원 대제학을
지냈으며 친일파 유림의 대명사인 정만조(鄭萬朝. 1858~1936)의 족
질뻘이지만, 그와는 매우 상반된, 변절 없는 올곧은 민족주의의 길을
걸어간 인물이다.

  그런데, 정인보의 국학은, 그의 저술에 확연히 드러나진 않지만, 학
술의 전체적인 틀로 볼 때는 일본 및 중국의 학술과 관련지어 대비적
으로 논의해볼 필요는 있다. 즉, 그의 양명학-국학-역사학을 통한 '민
족'의 정립, 좌파에 '대항하는 '민족주의'적 성격은, 일본의 미토학파
(水戶學派)-고쿠가쿠파(國學派)-요우메이가쿠파(陽明學派)의 내

---

67) 을유문화사에서 1974 再版되었음. 아울러 그의 文錄(薝園文錄)이 완역[정인보,
    『薝園文錄』上・中・下, 정양완옮김, (서울: 태학사, 2006)]되어 그의 문학 연구에
    큰 도움이 될 것 같다.

적 연관에서 나타나는 '양명학(陽明學, 요우메이가쿠)-무사도(武士道, 부시도)-국학(國學, 고쿠가쿠)'과 대비된다. 그리고 일본에서 '양명학-무사도-국학'이 칸트 등의 서구 학술과 결합하여 일본제국주의 · 국민국가의 권력을 뒷받침하는데 기여하는 점은, 마치 정인보가 단군-세종대왕-이순신-정약용-신채호라는 인물을 통해 공통적으로 발견해낸 근대적 의미의 민족 · 국가, 국학의 발굴과 대비할 경우, 대단히 흥미로운 유사점을 찾게 된다.[68] 더욱이 한국근대양명학사에서 정인보가 저서의 체계에서 명확히 사용하게 된 근대적 의미의 '양명학(陽明學)'이란 용어는 일본 메이지기(明治期)에 조어, 유포된 일본 한어 '요우메이가쿠(陽明學)'에서 유래한다는 사실을 간과해서는 안 된다.[69]

---

[68] 근대 일본의 양명학이 水戶學派-國學派 등과 연관되어 있는 점에 대해서는 小島毅, 『近代日本の陽明學』, (東京: 講談社, 2006)을 참조.

[69] 일본을 비롯하여, 한국과 중국에서 사용하는 '양명학' '양명학파'(또는 '실행(實行)', '실천주의', '행동주의' 등)와 같은 용어는, 학계에 잘 알려져 있지 않지만, 근대일본 다시 말하면 메이지(明治)시대 일본에서 형성, 조어(造語)되어 유포된 것, 다시 말해서 메이드 인 저팬(made in Japan)이라는 말이다. 비단 이러한 기초 용어 면에서만이 아니다. 예컨대, 양명학회, 그에 따른 기관지, 양명학 관련 저술, 논문 및 번역서, 나아가서 청년 계몽을 위한 저널리즘(신문, 잡지)의 유행, 양명학 관련 전기류(傳記類) 확산도 기본적으로는 일본에서 발신하여 중국, 한국으로 유포되는 것이다. 여기서 말하는 '근대양명학'이란 '일본의 명치시대 - 패전(1945년)'의 시기와 그에 해당하는 한국과 중국의 시기를 말한다. 한국은 주로 '구한말-일제식민지기'의 시기, 중국은 '청나라 말기'의 시기를 말한다. 이 시기에는 크게는 〈구(전통-구식)〉 ⇔ 〈신(현대-신식)〉이 극명하게 대립되고, 그 대립 속에서 새로운 이념들이 이데올로그들에 의해 태동되는 시기였다. 양명학은 바로 그 시기의 정점에 서 있었던 사상이었으며, 나아가서는 시대의 이데올로기를 만들어 내던 중심이기도 했다. 동아시아 차원에서 볼 때, 근대 일본양명학 일련의 계보와 네트워크는, 일본을 발신지로 하여 형성된다. 다시 말해서 ① 〈일본에서 중국과 한국으로〉, 다시 〈중국에서 한국으로〉라는 형태를 갖고, 이를 바탕으로 ② 〈한국에서 일본으로〉, 〈중국에서 일본으로〉라는 반응 및 교류를 만들어낸다. 종래 한국

정인보가 근대기에 새로 조명한, 단군-세종대왕-이순신-정약용과 같은 민족적인 위인 영웅 등은, 전근대의 구시대적 인물과 대비될 새로운 '근대적 영웅(=偉人)'의 표상으로 부각된다. 이러한 맥락 속에서 『양명학연론』을 통한 그의 강화학파, 양명학파의 인물들의 부각도 의미를 갖는다.

이렇게 보면 한국근대양명학은, 『왕양명선생실기(王陽明先生實記)』로서 응결된, 〈근대적인 영웅/위인전기+일본양명학 등〉의 영향을 적극 수용하여, 근대세계를 적극 경험하기 시작한 박은식의 연구에서 출발하는 것으로 보인다. 이것이 최남선 등의 여러 연구자들과 맞물리며 전개되어, 마침내 정인보의 『양명학연론(陽明學演論)』에서 완성된다고 생각한다.[70] 이들 근대한국양명학 연구에 일본근대양명학의 영향은 빠뜨려선 안 된다. 한국근대의 양명학자들은 근대일본양명학 영향((나아가서는 중국양명학의 영향까지)을 받으면도 독자적

---

과 중국의 근대 양명학 연구에서, 일본의 경우도 최근까지는 마찬가지지만, 이러한 구도를 간과해왔다. 물론 이렇게 말하면, 지금 과거사청산이니, 친일과 정리니 하는 국내의 분위기 속에서, 하필 우리의 근대 사상사를 장식하는 양명학이나 양명학자들에게 메이드 인 재팬이라는 오욕의 꼬리표를 달아주는 일이 아닌가 라고 생각할 수도 있다. 그러나 이것은 다른 차원의 문제이다. 과거에 있었던 학술과 사상의 네트워크를 현재의 역사적 평가로 명확하게 재단할 수도 없을뿐더러 그렇게 고립적, 독자적으로 돌연 솟아난 사상 또한 없기 때문이다. 더욱이 수용, 수입된 학술 개념이라 하더라도 그것을 수용하여 사용하는 측의 에토스나 주체적 조작, 변용, 변형으로 해서 그 지역의 새로운, 독자적인 정신(mentality)을 만들어낼 수 있음을 간과해서는 안 되기 때문이다. 따라서 일본의 것을 수용했으니 자존심이 상한다는 식의 순박하고 단순한 시각에 머물 필요는 없다. 일본의 근대양명학 또한 중국의 왕양명 사상을 영유(領有. appropriation)-재영유(再領有)하면서 창출해낸 개념이었지만, 근대기라는 특이성, 독자성을 지니게 된다. 마찬가지로 한국과 중국의 근대양명학 또한 그 지역의 양명학적 전통을 충실히 계승하면서도 근대일본양명학을 재영유하여 독자적인 사상을 만들어 간다.
70) 이상을 논의로 이를 도표화하면 다음과 같다.

인 사상과 학술을 형성해간다. 우리는 이 점에 주목하고 또 이를 평가하여야 한다. 이러한 안목으로 근대한국양명학의 지형도를 부분적이 아닌 총괄적으로 그려낸 연구는 지금까지 없었으며, 향후 한국근대의 학술사 · 사상사 복원을 위해서 제대로 연구되어야 할 것이다.

### 3) 양명우파와의 연관성 : 양명좌파적 '욕망긍정'을 넘어 사회 윤리와의 연계 가능성

하곡의 양명학은, 유명종이 「하곡의 양지학(良知學)은 양명우파(陽明右派)와 공통점이 있다」[71]고 지적하였듯이, 좌파적 성향보다는 우파적인 것, 혹은 주자학과의 연계 가능성[72] 혹은 주왕절충적(朱王折衷的) 가능성이 논의될 여지가 많다. 그러면 하곡의 양명학을 계승

| 作者 | 朴殷植 | 崔南善 | 鄭寅普 |
|---|---|---|---|
| 著述 | 『王陽明先生實記』 | 『少年』 | 『陽明學演論』 |
| 內容에 紹介된 陽明學 關聯地域(國家) | 중국 일본 | 『王陽明先生實記』에 額子化(⇨ 중국) 일본 | 중국 한국 |
| 特記事項 | 왕양명(=中國) 偉人傳記 中心 | 泰西(=西洋)革命家 및 王陽明(=中國) 偉人傳記 | 中國 陽明學者 및 朝鮮陽明學派(= 韓國) 偉人傳記 |
| 發展段階 | 近代 韓國陽明學 定礎期 | 近代 韓國陽明學 萌芽期 및 企劃期 | 近代 韓國陽明學 完成期 |

71) 유명종, 『韓國의 陽明學』, (서울: 同和出版社, 1983), 121쪽.
72) 이에 대해서는 崔在穆, 『동아시아의 양명학』, (서울: 예문서원, 1996), 140~142쪽 참조할 것.

하는 강화 양명학파는 과연 어떤 경향인가 하는 점이다.

　심경호는 「강화학의 허가(虛假) 비판론」을 논하는 가운데서, 「이광신(李匡臣)은 '성정본원(誠正本原)'과 '무실(務實)'을 이념으로 삼았고, 이광사(李匡師)는 '존실리(存實理)'를 주창하였으며, 이영익(李令翊)은 '성의신독(誠意愼獨)', 이충익(李忠翊)은 '구진(求眞)', 이시원(李是遠)은 '진지독행(眞知篤行)', 이상학(李象學)은 '추실심, 무대체(推實心, 懋大體)', 이건창(李建昌)은 '반본(反本)', 이건승(李建昇)은 '실심실사(實心實事)'를 이념으로 삼았다. 이것은 성의(誠意) 중심의 공부를 주장한 왕양명의 사상과 통한다」[73] 고 하였다. 이처럼 강화 양명학파에서 보여지는 허가(虛假)에 대한 비판의식은 실심실학(實心實學)을 가능케 하였다. 그렇다면, 중국의 양명학사에서 보여지는 양명학 좌파, 우파의 전개를 고려해서 강화 양명학파에 눈을 돌릴 경우 과연 강화 양명학파는, 양명학의 좌파, 우파, 좌우절충파, 기타의 어느 쪽에 해당할 것인가가 좀 더 충실히 연구되어야 할 것이다.

　덧붙인다면, 위의 유명종의 연구에서 제시된 〈③창의적 서화(書畵)의 개화 – 문예학〉, 〈④ 성령문학(性靈文學)의 전개 – 문학〉와 같은 것은 사실 양명학 좌파와 맥을 같이 하고 있다. 따라서 하곡의 양명학-강화양명학 사이의 연속 불연속 부분은 차후 좀 더 논의되어야 할 것이다.

---

73) 심경호, 「강화학의 虛假 批判論」, 『大東漢文學』제14집, (대동한문학회, 2001), 39
　쪽.

## 4) 실심실학(實心實學)의 실천성과 실제성

주자학은 정리(定理)의 공부와 그 실천이라는 이념적 틀과 성향 때문에 그 후학의 분파가 개성중시, 자유분방함으로 흐를 가능성은 애당초 제한되었다고 할 수 있다. 즉 그것은 「진리(혹은 이론)는 일찍이 주희가 모두 궁리해 놓았으므로 남은 것은 이것의 실천뿐이라는 강한 자각」[74]에서 말미암는다. 그러나 양명학의 분위기는 이와 다르다. 예컨대, 양명학의 대표하는 책『전습록(傳習錄)』을 보면 알 수 있듯이 양명문하(陽明門下)의 사제지간의 대화나 인간관계는 각자의 심성[良知], 개성이 그대로 존중되는 화기애애한 분위기이어서 엄숙한 도학군자(道學君子)들의 학문 및 생활상과는 사뭇 다르다.[75]

이렇게 일반적으로 중국 양명학의 전개에서도 잘 드러나듯이, '양지(良知)'-'동심(童心)'-'적자지심(赤子之心)'과 같은 인간 본래의 꾸밈없는 마음=진심(眞心)에서 발현하는 개성은 철학사상 뿐만이 아니라 역사, 문학, 문예 등에 걸친 훌륭한 역량의 개진을 보여준다. 여기서 세상의 모든 고통, 억압, 허위, 가식에 대한 주체적인 고뇌, 능동적인 비판, 창의적인 제안도 가능하다. 이러한 면모는 왕양명의 다음의 말에서 함축적으로 잘 느껴진다.

대저 인간은 천지의 마음[天地之心]이며 천지만물은 본래 나와 한

---

74) 崔在穆, 「韓末 嶺南 儒學界에서 實學의 계승과 陽明學 수용의 문제」, 『韓末 嶺南 儒學界의 동향』, 민족문화연구소 편, (경산: 영남대학교출판부, 1998), 569쪽.
75) 崔在穆, 「전습록에 대하여」, 『왕양명 철학연구』, (수원: 청계출판사, 2001), 71쪽 참조.

몸[一體]이다. 따라서 생민(生民)의 고통은 어느 한가지라도 내 몸에 절실하지 않은 것이 있겠습니까? (이러한 천지만물의 고통이) 내 몸의 고통임을 알지 못한다면 '옳고 그름을 가리는 마음'[是非之心]이 없는 사람입니다. '옳고 그름을 가리는 마음'은 생각하지 않아도 알고 배우지 않아도 잘 하는 것이다. 이른바 양지(良知)입니다. (…) 나는 하늘이 준 영감에 의해[賴天之靈] 우연히 양지의 학[良知之學]을 깨닫게 되었고, 반드시 이것으로 말미암은 뒤에야 천하가 다스려 질 수 있다고 생각했습니다. 이 때문에 백성이 곤경에 빠져 있음을 생각할 때마다 슬피 마음 아파했습니다. 그래서 나 자신의 어리석음도 잊어버리고 양지의 학으로 백성을 구제하려고 생각하고 있으니, 자신의 역량도 스스로 알지 못하는 사람입니다. 세상 사람들은 나의 이러한 모습을 보고 마침내 서로 더불어 비난하고 조소하며 꾸짖고 배척하면서 미치고 정신 잃은 사람이라 생각할 뿐입니다. 아아, 이 어찌 고려할만한 가치가 있겠습니까? 내가 지금 한창 몸을 에이는 듯한 고통을 느끼고 있는데 남의 비난과 조소를 헤아릴 겨를이 있겠습니까? (…) 아아, 요즘 사람들이 비록 나를 미쳐 정신 잃은 사람이라 할지라도 상관없습니다. 천하 사람들의 마음은 모두가 나의 마음입니다. 천하 사람들이 미쳐 있는데, 어떻게 내가 미치지 않을 수 있겠습니까? 또 (천하 사람들이) 정신을 잃었는데 내가 어찌 정신을 잃어버리지 않을 수 있겠습니까?[76]

---

76) 『傳習錄』中,「答聶文蔚」第一書: 夫人者, 天地之心, 天地萬物本吾一體者也, 生民之困苦荼毒, 孰非疾痛之切於吾身者乎, 不知吾身之疾痛, 無是非之心者也, 是非之心, 不慮而知, 不學而能, 所謂良知也. (…) 僕誠賴天之靈, 偶有見於良知之學, 以爲必由此而後天下可得而治, 是以每念斯民之陷溺, 則爲之戚然痛心, 忘其身之不肖, 而思以此救之, 亦不自知其量者, 天下之人見其若是, 遂相與非笑而詆斥之, 以爲是狂喪心之人耳, 嗚呼, 是奚恤哉, 吾方痛之切體, 而暇計人之非笑乎. (…) 嗚呼, 今之人雖謂僕爲病狂喪心之人, 亦無不可矣, 天下之人心, 皆吾之心也, 天下之人猶有病狂者矣, 吾安得而非病狂乎, 猶有喪心者矣, 吾安得而非喪心乎.

라고 말하듯이, 왕양명이 세상의 고통과 죄악에 대해 아파하는 마음
(즉 통감(痛感), 통각(痛覺)), 참으로 인간과 만물을 사랑하고 동정하
는 마음은 양지(良知)가 발하는 「진성측달(眞誠惻怛)」의 마음[77]이다.

세상이 아프니 내가 아프고, 세상이 미치니 내가 미친다는 양명의
「진성측달(眞誠惻怛)」의 심학은 애당초 대중 참여적인 유학의 길을
열 가능성 갖고 있었다. 인간이면 누구나 본래 지닌 양지의 세상사
물에 대한 시비지심(是非之心)을 발휘하는 것=치양지(致良知)는 허
(虛)/가(假)에 대한 실(實)/진(眞)의 주창으로 이어지는 사상사를 가
능하게 하였다.

강화양명학파의 사상적 특질, 특히 (양명의) '양지학(良知學)'에서
'허가(虛假)비판과 실심실학(實心實學)'으로라는 사상사적 계보가
중국, 일본 등지의 양명학파와 객관적으로 비교, 대비되어 그 의미와
위상이 충분히 밝혀져야 할 것이다. 강화학파의 실심실학이 우리 사
상사에서 나타나는 '실학'과 어떤 차별성을 지니며, 그것이 우리의 근
대와는 어떻게 연결되며 또한 근대 이후의 사상적 제 조류와 어떻게
조우(遭遇)하는가, 더욱이 그것은 현대 학문의 조류 속에 어떻게 재
해석되어 재발굴될 수 있는가 등등에도 주목해볼 만한 가치가 있는
것이다. 예컨대, 강화학의 학술을 계승하는 정인보는 『양명학연론(陽
明學演論)』이라는 '글을 쓰게 된 까닭'을 밝힌 부분에서 이렇게 말하
고 있다.

---

77) 혹은 「성애측달(誠愛惻怛)」· 「인애측달(仁愛惻怛)」· 「성애간측(誠愛懇惻)」으로
도 말한다. 이에 대해서는 崔在穆, 『왕양명의 삶과 사상: 내 마음이 등불이다』, (서
울: 이학사, 2002), 373~380쪽 참조.

　　학문함에 있어 책 속에서만 진리를 구하려는 태도는 옛날보다 더 한
층 심해져서, 때로는 영국, 때로는 프랑스, 때로는 독일, 때로는 러시아
로 시끌벅적하게 뛰어다니지만, 대개 좀 똑똑하다는 자라 할지라도 몇
몇 서양학자들의 말과 학설만을 표준으로 삼아 어떻다느니 무엇이라
느니 하고 만다. 이것은 무릇 그들의 '말과 학설'을 그대로 옮겨 온 것
이지 實心에 비추어 보아 무엇이 합당한지를 헤아린 것이 아니니, 오
늘날의 이러한 모습을 예전과 비교한들 과연 무슨 차이가 있겠는가.

　　즉, 당시의 학문이 몇몇 서양학자들의 '말과 학설'을 그대로 옮겨
온 것이며, 「실심(實心)에 비추어 보아 무엇이 합당한지를 헤아린
것」이 아니라고 하였다. 이처럼 그는 '실심'을 주장한다. 실심이란 알
맹이 있는 마음 즉 주체적 마음을 말한다. 그의 양명학은 바로 이 실
심을 밝히는 계몽의 '방법'이 되고 있는 것이다. 그리고, 정인보는 다
음과 같이 허위[虛]/가짜[假]가 아닌 '실심(實心)'으로 일제 강점기
한국이 처한 현실에 대처하려고 한다.

　　조선 수백년 간의 학문이라고는 오직 儒學 뿐이요, 유학이라고는 오
로지 朱子學 만을 신봉하였으되, 이 신봉의 폐단은 대개 두 갈래로 나
뉘었다. 하나는 그 학설을 배워서 자신과 가족의 편의나 도모하려는
'私營派'요, 다른 하나는 그 학설을 배워서 中華의 문화로 이 나라를 덮
어 버리려는 '尊華派'이다. 그러므로 평생을 몰두하여 心性 문제를 강
론하였지만 '實心'과는 얼러볼 생각이 적었고, 한 세상을 뒤흔들 듯 도
의를 표방하되 자신 밖에는 그 무엇도 보이지 않는다. 그러했기 때문
에 세월이 흐르고 풍속이 쇠퇴해짐에 따라 그 학문은 '虛學(텅빈 학
문)' 뿐이게 되고 그 행동은 '假行(거짓된 행동)' 뿐이게 되었다.…수백

년 간 朝鮮 사람들의 實心과 實行은 학문 영역 이외에서 간간이 남아
있을 뿐, 온 세상에 가득 찬 것은 오직 假行과 虛學 뿐이었다.

이처럼 정인보는 우리나라의 과거 수백년간은 주자학만을 신봉해
왔고, 따라서 '존화파(尊華派)'의 면모를 보이고 또한 가행(假行), 허
학(虛學)에 빠져 있다고 판단하였다. 이에 실심과 실행을 주장하게
된다. 이러한 실심과 실천의 정신을 정인보는 강화 양명학에서 발견
한 것이다.


## 5. 나오는 말-강화학파 연구의 과제를 겸해서

이상에서 우리는 하곡 정제두의 양명학 사상을 동아시아 근대사상
과의 연관 속에서 조망해보았다. 여기서 동아시아 근대사상과의 연관
성은, 구체적으로 종래의 연구에서 논의된, 강화학파가 지닌 근대학
술과의 연계 고리인 ① 주체적인 사관 확립 ② 주체적인 언어 ③ 창의
적 서화(書畵)의 개화 ④ 성령문학(性靈文學)의 전개 ⑤ 실학(實學)
과 제휴에 주로 주목하였다.

이를 기초로 해서, 이 글에서는 ① 근대 학술ㆍ사상사ㆍ문예사로
의 연결, ② 주체적인 언어[訓民正音學] 연구와 국학(國學)과의 상관
성, ③ 양명우파와의 연관성 - 양명좌파의 욕망긍정을 넘어 사회윤리
와의 연계 가능성 -, ④ 실심실학(實心實學)의 실천성과 실제성이 논
의되었다. 그러나 기타, 하곡의 양명학을 연구할 경우 주의해서 연구
할 점들 예컨대, ① 양명 우파적(右派的) 경향 ② 생리설(生理說) 등

의 한의학적(韓醫學的) 측면 ③ 역학(易學), 역학(曆學), 자연학(自然學)에 대한 연구 등에 대해서는 지적에 그쳤고, 그것이 근대기로 어떻게 연계되는가는 검토하지 못했다. 더욱이 위와 같은 연구 결과를 토대로 동아시아 양명학사 내지 사상사에서 하곡학 나아가서는 강화학이 갖는 위상을 객관적으로 '비교' 내지 '대조'의 시각에서 고려해 볼 필요가 있지만 여의치 못했다.

아울러 이 글에서는 근대기의 양명학자 가운데서도 강화학의 국학적 전통을 직접 이어받은 정인보를 주로 논의하였다. 그것은 강화양명학을 우선 정인보가 차지하는 계보적 위상과 그의 양명학사적 위치 때문이다. 사실 정인보에서 직접 발견되지는 않지만, 그가 근대일본양명학 영향, 나아가서는 중국양명학의 영향을 직간접적으로 받으면서 독자적인 사상과 학술을 형성해갔을 것이라는 추측을 하게 한다. 앞으로 이 부분에 대해서는 보다 주목하고 또 규명해가야 할 것이다.[78] 결국 이 논문에서는 당초 논의하고자 했던 '하곡 정제두의 양명학 사상'과 '동아시아 근대사상' 부분을 구체적으로 정인보를 통해서 논의하고, 또한 부분적으로는 일본 지역의 경향과도 대비적으로 언급한 셈이다.

마지막으로 덧붙여두고 싶은 것은, 이제 강화 양명학파, 나아가서는 한국 근대의 양명학 연구가 해당 연구자들만의 폐쇄구역[閉域] 혹은 전유물로서 처리되어 연구되어야 할 것이 아니라 하곡 양명학, 강화양명학 나아가서는 한국 양명학에 관심을 가진, 국내외의 모든 영

---

78) 이러한 안목으로 근대한국양명학의 지형도를 부분적이 아닌 총괄적으로 그려낸 연구는 지금까지 없었으며, 향후 한국근대의 학술사·사상사 복원을 위해서 제대로 연구되어야 할 것이다.

역에서 현재까지 축적해온 방법과 안목을 토대로 동참할 수 있어야
한다는 점이다.

# 찾/아/보/기

**최 재 목**

현재 영남대 철학과 교수로 재직 중이다.

일본 츠쿠바(筑波)대학에서 문학석사·문학박사 학위를 취득하였고, 전공은 양명학·동아시아철학사상·문화비교이다. 그 동안 동아시아의 양명학(근세, 근대, 현대)에 대해 전반적으로 연구를 해오고 있다.

주요 저서로는 『동아시아 양명학의 전개』(일본어판, 대만-중국어판, 한국어판이 있음), 『노자』 등 다수가 있다.

동경대, 하버드대, 북경대, 라이덴대(네덜란드)에서 객원연구원 및 방문학자로 연구하였고, 한국양명학회장, 한국일본사상사학회장을 지냈다.

# 강화의 지성
# 하곡 정제두의 양명학

**초판 인쇄** | 2017년 11월 30일
**초판 발행** | 2017년 11월 30일

**지 은 이** 최재목

**책 임 편 집** 윤수경

**발 행 처** 도서출판 지식과교양
**등 록 번 호** 제2010-19호
**주      소** 서울시 도봉구 삼양로142길 7-6(쌍문동) 백상 102호
**전      화** (02) 900-4520 (대표) / 편집부 (02) 996-0041
**팩      스** (02) 996-0043
**전 자 우 편** kncbook@hanmail.net

ISBN 978-89-6764-102-3  93150                 정가 14,000원